거꾸로
교실

Translated and published by Eduniety with permission from ISTE. This translated work is based on Flipped Learning: Gateway to Student Engagement by Jonathan Bergman and Aaron Sams © 2014 ISTE International Society for Technology in Education (ISTE).
ALL Rights reserved.
ISTE is not affiliated with Eduniety or responsible for the quality of this translated work.

Korean translation copyright © 2015 by Eduniety
Korean translation rights arranged with ISTE.
through EYA (Eric Yang Agency)

이 책의 한국어판 저작권은 EYA(Eric Yang Agency)를 통해
International Society for Technology in Education 와 독점 계약한 '주식회사 에듀니티'에 있습니다.
저작권법에 의하여 한국 내에서 보호를 받는 저작물이므로 무단전재 및 복제를 금합니다.

거꾸로교실
진짜 배움으로 가는 길

초판 1쇄 발행 2015년 1월 21일 | 초판 9쇄 발행 2018년 5월 18일

지은이 존 버그만, 애론 샘즈 | 옮긴이 정찬필, 임성희 | 감수 이혁규

발행인 김병주 | 총괄관리 이기택
책임편집 전유미 | 디자인 박대성
연수기획 이보라, 이민경
펴낸곳 (주)에듀니티 www.eduniety.net
도서문의 070-4342-6124
일원화 구입처 031-407-6368 (주)태양서적
등록 2009년 1월 6일 제300-2011-51호
주소 서울시 서대문구 연희로 2길 76 4층

한국어판 ©에듀니티 2015
ISBN 979-11-85992-06-8(13370)
값 15,000원

* 이 책은 저작권법에 따라 한국 내에서 보호를 받는 저작물이므로 무단 전재 및 복제를 금합니다.
* 이 책의 내용 일부 또는 전부를 이용하시려면 반드시 ㈜에듀니티의 서면 동의를 받아야 합니다.
* 이 책은 국립중앙도서관 출판도서목록(CIP)은 www.nl.go.kr/ecip에서 보실 수 있습니다.
* 잘못된 책은 구입하신 곳에서 바꾸어 드립니다.

FLIPPED LEARNING
Gateway to student engagement

거꾸로 교실

진짜 배움으로 가는 길

존 버그만·애론 샘즈 지음 | 정찬필·임성희 옮김 | 이혁규 감수

에듀니티

| 감사의 말 |

거꾸로배움네트워크Flipped Leaning Network의 사무국장으로 헌신적으로 노력해 온 카리 아르프스트롬Kari Arfstrom에게 감사 인사를 전합니다.

| 헌정의 말 |

전 세계에서 거꾸로배움을 받아들이고 실천하고 있는 경이로운 선생님들에게.
우리는 여러분의 아이들에 대한 헌신과 책임감에 경의를 표합니다.

| 기고해 주신 선생님들 |

브라이언 베넷 Brian Bennett은 전직 화학 교사로 현재 테크 스미스 기업의 고객 솔루션 엔지니어로 일하고 있다. 학생들의 배움을 향상시키기 위해 교사들이 테크놀로지를 효과적으로 사용할 수 있도록 돕고 싶어 한다.

델리아 부시 Delia Bush는 미시간 주 그랜드 래피드 시에서 5학년을 맡고 있다. 초등교육 학사학위와 교육행정 석사학위를 취득하고, 교육과정과 교수법 전문가 과정도 수료했다.

크리스틴 다니엘스 Kristin Daniels는 미네소타 주 스틸워터 시에 있는 공립학교들의 수업 혁신과 기술 코치를 맡고 있다. 2011년에는 스틸워터 시에 있는 공립 초등학교 교사들을 대상으로 거꾸로직무연수를 개발하고 도입하는 데 일익을 담당했다. 5학년 교실에서 거꾸로교실을 시범 운영하기 위해 교사 연수를 진행하고, 최근에는 스틸워터 시에서 급증하고 있는 초등학교 거꾸로교실을 지원하고 있다. 그녀는 전국 거꾸로배움 연수 과정을 개발하고, 현재 거꾸로배움네트워크 Flipped Learning Network의 임원으로 일하고 있다.

토마스 드리스콜 Thomas Driscoll은 코네티컷 주 퍼트넘 시의 퍼트넘 고등학교 사회 교사이다. 드리스콜이 주로 가르치고 연구하는 분야는 교육과정 개발과 교육용 테크놀로지 영역이다.

마이크 드로넨 Mike Dronen은 미네톤카 공립학교연합의 기술 이사이다. 교사와 관리자를 위한 거꾸로직무연수를 개발하고 디자인하는 일을 맡고 있다. 드로넨은 미네소타 주에서 최초로 학생들이 자기 모바일 기기를 가져오는 프로그램 Bring Your Own Device을 도입하여 교실에서 사용할 수 있게 했고, 2011년에는 TIES 미네소타 주 기술지도자 상을 수상했다.

에이프릴 구덴라스 April Gudenrath는 콜로라도 스프링즈 시의 디스커버리 캐넌 캠퍼스에서 교실 수업과 온라인 수업을 담당하는 고등학교 교사이다. 수많은 거꾸로교실 창시자들과 함께 프리젠테이션이나 웹 기반 세미나 webinar를 개발하고 있다.

제이슨 한쉬타트 Jason Hahnstadt는 일리노이 주 케닐워스 시에 있는 요셉시어스 학교의 체육 교사이자, 일리노이 주 위네트카 시의 뉴트라이어 고등학교에서 미식축구와 육상 코치를 맡고 있다. 대규모 모둠 활동과 경기장 교육에 관심이 많다. 한쉬타트는 디지털 교육 단체에서 뽑은 2013년 교육 분야 최고 혁신 40인 중 한 명으로 선정되었다.

스티브 켈리 Steve Kelly는 1990년부터 미시간 주 세인트 루이스 시에 있는 고등학교에서 수학과 과학을 가르치고 있다. 2010년에 국가 인증 중등 수학 교사 자격을 취득했다.

크리스탈 컬취 Crystal Kirch는 캘리포니아 주 산타아나 시 세걸스트롬 고등학교 수학 교사이다. 운동학을 전공했고, 교육과정과 교수법으로 교육학 석사 학위를 취득했다.

| 차례 |

한국어판 서문 좋은 교육을 고민하는 이들에게　　　　　　10

서문 더 깊고 넓은 배움의 세계를 향한 안내서　　　　　　14

역자 서문 거꾸로교실, 진짜 배움으로 가는 길　　　　　　19

감수의 글 다른 교육은 가능하다　　　　　　24

들어가며 단 하나의 질문　　　　　　29

CHAPTER 01 거꾸로배움 모델　　　　　　34

CHAPTER 02 거꾸로교실에 대한 몇 가지 오해　　　　　　48

CHAPTER 03 학습 내용, 호기심, 관계　　　　　　55

CHAPTER 04 배움을 더 깊고 폭넓게 이끌기, 그리고 관계 맺기　　　　　　64

CHAPTER 05 학생 중심 수업으로 더 깊어진 배움　　　　　　77
　　　　　　크리스탈 컬쳐 이야기

CHAPTER 06 학생 중심 배움으로 옮겨 가기　　　　　　100
　　　　　　브라이언 베넷의 이야기

CHAPTER 07	체육 수업에서의 거꾸로교실	112
	제이슨 한쉬타트 이야기	

CHAPTER 08	거꾸로교실에서 깊은 배움으로의 전환	124
	캐롤린 덜리의 이야기	

CHAPTER 09	거꾸로교실로 배움을 민주화하다	143
	톰 드리스콜의 이야기	

CHAPTER 10	영어는 거꾸로교실 최고의 과목	167
	에이프릴 구덴라스의 이야기	

CHAPTER 11	현대 교사가 되기 위한 길	187
	스티브 켈리의 이야기	

CHAPTER 12	학생들을 진짜로 알아가기	204
	델리아 부시의 이야기	

CHAPTER 13	교사 직무연수도 거꾸로	225
	크리스틴 다니엘스와 마이크 드로넨의 사례	

| CHAPTER 14 | 교육에 뿌릴 달콤한 소스 | 246 |

참고문헌 256

| 한국어판 서문 |

좋은 교육을 고민하는 이들에게

    2013년 9월, 한국에서 이메일 한 통이 왔다. 한국의 공영방송 KBS에서 일하는 정찬필이란 다큐멘터리 연출자인데, '미래 교실'을 주제로 다큐멘터리를 제작 중이라는 것이었다. 그는 거꾸로교실 Flipped Classroom에 대한 이야기를 들었으며, 이에 대해 더 배우고 싶고, 거꾸로교실을 시행하고 있는 학교를 보고 싶다고 했다. 그러고는 제작진과 함께 시카고로 날아와, 내가 진행하는 워크숍에 들렀다. 워크숍은 거꾸로교실을 시작하는 방법을 선생님들에게 전수해 주는 자리였다. 그 후, 그는 일리노이 주 거니시에 있는 워렌 타운십 고등학교에 와서 실제 실행되는 모습을 지켜보았다.

    그러던 어느 날, 아내와 나는 정 PD와 제작진을 우리 집에 초대해 저녁 식사를 대접했다. 삶은 돼지고기와 고기 국물을 얹은 으깬 감자가 전부였다. 저녁 식사를 하면서, 나는 거꾸로교실이 한국의 학교에 어떤 영향을 미칠지 가늠할 수 있었다. 그가 한국의 학교에 어떻게 거꾸로교실을 도입하게 되었는지, 그리고 선생님들이 얼마나 엄청난 성공을 경험하고 있는지 알게 된 것이다.

그가 제작한 다큐멘터리는 한국에서 전국으로 방영되었고, 거꾸로교실은 화제가 되었다. 나는 그 다큐멘터리를 보고 감동에 겨워 눈물을 흘렸다. 교실의 변화를 볼 수 있었기 때문이다. 미국의 조그마한 학교에서 시작된 작은 발상이 한국 학교에 다니는 학생들을 도울 수 있다는 생각에 숙연한 마음이 들기도 했다.

2014년 9월, 나는 초청을 받아 한국에 방문했다. 거꾸로교실에 대한 관심 때문이었다. 머무는 동안 처음으로 거꾸로교실이 얼마나 이 나라에 충격을 주고 있는지 볼 수 있는 특별한 기회를 얻었다. 이 여정에서 다큐멘터리에 등장하는 선생님들도 만나게 되었다. 가장 충격이었던 것은 선생님들의 수업이 그동안 전 세계에서 보아 온 수업들과 정말 비슷하다는 점이었다. 선생님들은 미국과 유럽을 비롯한 다른 나라의 선생님들과 똑같은 논점을 가지고 있었다. 학생들과도 이야기를 나누어 보니, 2007년 애론 샘즈와 내가 처음 거꾸로교실을 시작했을 때 나온 우리 학생들의 반응과 같은 느낌이었다.

학교 방문뿐 아니라, 한국에서 거꾸로교실을 이끌어 가는 선생님들도 만났다. 이들은 거꾸로교실을 확산하기 위해 '미래교실네트워크'

라는 교사 모임을 만들고, 선생님들을 대상으로 워크숍을 개최해 오고 있었다. 나도 워크숍에 참석해 특강을 하게 되었다. 이들은 다른 선생님들에게 거꾸로교실을 어떻게 하면 되는지 전수하기 위해, 주말마저 포기하고 있었다. 애론 샘즈와 내가 개발한 아이디어를 가져와 한국 학교의 실정에 맞게 해석하고 적용하고 있었던 것이다.

거기서 만난 선생님들 가운데는 이미 거꾸로교실을 시작한 분도 있고, 그렇지 않은 분도 있었지만, 모두 그저 자기 학생들을 위해 최선의 방법을 찾고 싶어 하는 사려 깊은 분들이었다. 이들은 교육자라는 직업의식과 학생들의 성공을 위해 헌신적이었다. 그런 그들이 말했다, 변화가 필요하다고. 배움에 학생들을 참여시킬 더 좋은 방법, 모두에게 영향을 줄 수 있는 더 좋은 방법, 모든 학생들이 성공할 수 있도록 도와줄 수 있는 더 좋은 방법이 필요하다는 이야기였다.

앞서 거꾸로교실 모델을 기꺼이 받아들인 선생님들에게 엄청난 성공담을 들었다. 학생들이 수업에 참여하고, 배움에 흥미를 느끼며, 학교생활을 즐기기 시작했다는 것이다. 특히 한 선생님의 이야기에 더욱 감동스러웠다. 선생님은 더 이상 학생들에게 영향을 주지 못한다고 느끼면서, 학교를 막 그만둘 생각이었다고 했다. 그런데 교실을 거꾸로 만들면서 교육에 대한 열정을 되찾게 되었고, 이제 어느 때보다 학생들에게 더 좋은 영향을 주고 있음을 느낀다고 말했다.

이 책을 읽는 동안, 좋은 교육이란 그저 학습 내용을 가르치는 것만이 아니라, 여러분의 학생들과 만들어 가는 보이지 않는 관계의 고리도 의미한다는 점을 깨달았으면 한다. 학교를 막 포기하려던 선생님이 그랬듯이, 나는 여러분이 교직과 학생들에 대한 새로운 열정을 찾기를 희망한다.

존 버그만 Jon Bergmann

2015년 1월

| 서문 |

더 깊고 넓은 배움의 세계를 향한 안내서

2006학년도가 시작될 무렵, 우리 애론 샘즈와 존 버그만는 과학을 가르치러 콜로라도 주 우드랜드 파크 시에 있는 우드랜드 파크 고등학교로 전근을 오게 되었다. 나는 대도시인 덴버에서 전입하여 313번 교실을, 애론은 더 큰 도시인 로스앤젤레스에서 와서 314번 교실을 맡았다.

우리는 둘 다 이전 학교에서 화학을 가르쳤다. 나는 18년간, 애론은 6년 동안이었다. 학교에 화학 교사는 우리가 전부여서, 효과적인 화학 수업 프로그램을 개발하기 위해 서로 돕기로 했다. 가르치는 방법은 서로 많이 달랐지만, 비슷한 철학을 가지고 있었다. 학생들을 가장 먼저 생각하고, 학생들이 지적인 면과 정서적인 면을 고르게 계발하기를 바랐다. 함께 해 보기로 마음을 먹자 협력과 성찰은 자연스럽게 이루어졌고, 더 좋은 교육을 위해 수업에서 기술을 사용하는 방법도 찾게 되었다.

2006학년도에 우리는 기존 방법으로 학생들을 가르쳤다. 대부분 인기 강사 스타일의 내용 전달식 강의였다. 평가와 실험도 서로 도우며 공동으로 했다. 학생들이 어떤 화학 교사에게 배우든 같은 경험을 할 수 있게 하기 위해서였다. 우리는 정기적으로 만나서 가장 좋은 수업 방법을 찾는 한편, 수업에 기술을 접목할 수 있는 방법을 고민했다. 협력은 잘 이루어졌고, 머리를 맞대는 것이 혼자 고민하는 것보다 낫다는 사실을 깨달으면서 자발적인 만남을 이어 갔다.

학생들을 가르치다 보니, 학교가 작은데도 학교 활동으로 결석생이 많아 당황스러웠다. 우드랜드 파크는 콜로라도 스프링스보다 33킬로미터쯤 위쪽에 있다. 오는 길이 구불구불한 산길이어서, 학교 활동으로 어디에 가려면 시간이 많이 들었다. 가장 가까운 학교에 가려 해도 45분이나 걸렸다. 학교 행사로 생기는 이런 이동 시간 때문에 학생들은 자주 마지막 수업에 빠졌고, 화학처럼 까다로운 과목을 빼먹게 되면 바로 뒤처졌다.

2007년 봄, 애론이 파워포인트 강의를 녹화하는 컴퓨터 프로그램에 관한 기사를 찾아냈다. 이 프로그램에는 디지털 '잉크' 기능 컴퓨터 화면에 펜글씨 쓰듯 필기가 가능한 기능이 있어서 강의하는 사람이 음향 효과는 물론, 화면에 필기까지 할 수 있었다. 이로써 우리는 교사가 직접 만드는 동영상의 세계에 빠져들 준비가 되었다. 켄 보이어 과학부장은 흔쾌히 100달러를 내어 주며 프로그램 두 개를 살 수 있게 해 주었다. 그리고 말 그대로 "역사가 시작되었다."

처음에 우리는 프로그램을 사용해 강의를 그대로 녹화했다. 당시 우리 학군에서 교육과정과 수업 방법을 관장해 온 부교육장은 메모한 것을 들고 와 말을 건넸다. 딸이 대학에 다니는데, 한 교수가 강의를 녹음한다는 이야기였다. 딸은 그 수업을 좋아한다는 말도 덧붙였다. "학교를 더 이상 가지 않아도 되기 때문"이라는 것이다.

그 주 후반 점심 시간에 그러한 반응에 대해 이야기하면서 우리는 자문해 보았다. "학생들이 출석하지 않고도 모든 강의를 들을 수 있다면 수업 시간은 무슨 가치가 있을까?" 그리고 또 물었다. "학생들이 교사와 함께 있을 때 진짜 필요로 하는 것은 무엇일까?"

대화가 계속 되자 애론이 말했다. "만일 우리가 교실에서 강의를 그만하고, 수업을 미리 녹화해 두면 어떨까? 교실에서는 학생들이 집에서 하던 걸 하면?" 나는 말했다. "좋아, 해 보자구!" 이 대화를 마지막으로 우리는 교실에서 모두를 대상으로 하는 강의식 수업을 하지 않았다.

이 시기, 우리는 수업에 대한 성찰과 새로운 시도를 온라인의 한 교사 그룹과 나누었다. 수년간 멤버로 등록되어 있던 상급 화학 교사 그룹이었는데, 전 세계 교사들과 연결되어 있어서 배울 게 많았다. 이 그룹은 거꾸로교실의 개념이 만들어지는 동안 경험을 나누고 소통하는 장이 되었다. 이미 우리처럼 동영상을 수업 도구로 실험하고 있던 교사들도 등장했고, 비공식 전문가 네트워크도 만들어졌다. 거꾸로교실은 아무것도 없던 데서 생겨난 것이 아니다. 우드랜드 파크 고등학교의 313번과 314번 교실에서만 개발된 것이 아니라는 말이다. 우리가 거꾸로교실을 발전시킨 선구자이긴 하지만, 이 경이로운 교사들의 폭넓은 네트워크가 아니었다면 결코 만들어질 수 없었을 것이다.

마침내 노던 콜로라도 대학의 제리 오버마이어가 결합하면서 거꾸로교실에 관심 있는 교사들의 온라인 커뮤니티가 생겼다. 이 커뮤니티는 거꾸로배움네트워크flippedclassroom.org로 최근 기하급수적으로 성장하고 있다. 글을 쓰는 지금, 회원 수는 2만 명을 넘어섰다.

거꾸로교실이란 발상은 지극히 단순하다. 강의식 수업은 동영상으로 마친다. 학생들이 개인적으로 공부할 교재가 있다면 이 역시 교실에 오기 전에 끝낸다. 이렇게 시간을 맞바꿈으로써 교사는 수업 시간을 보다 많은 학생들과 해야 하는 활동에 쓰거나, 교사의 관심이 필요한 학생들에게 개별적으로 할애할 수 있다. 간단히 말하면 이것이 거꾸로교실이다. 강의식 수업은 교실 밖으로 빼내어 개별적으로 학습하고, 수업 시간은 보다 전략적으로 모둠 활동이나 개별 학습에 활용하는 것이다. 우리는 뜻하지 않게 이제껏 꿈조차 꾸지 못했던 근본적인 교실 혁신을 가능하게 만드는 일에 발을 들여놓게 되었다.

이와 관련한 이야기들은 첫 책『당신의 수업을 뒤집어라Flip Your Classroom: Reach Every Student in Every Class Every Day』시공미디어, 2013에 연대기로 담았다. 이 책의 절반은 거꾸로교실이 무엇인지 설명했고, 나머지에는 '거꾸로완전학습'이라는 모델을 우리가 어떻게 실현할 수 있었는지 이야기했다. 거꾸로완전학습 모델에서 학생들은 목표와 능력에 따라 아무 때나 공부하며, 학습 내용을 온전히 소화해 나간다.

첫 책을 출간한 이후에도, 우리는 거꾸로교실 커뮤니티에 있는 수천 명의 교육자들과 함께 거꾸로교실의 체계를 정교하게 다듬어 왔다. 거꾸로교실의 본래 개념은 교사가 학습 내용을 전달하는 방법을 바꾸어 놓았다. 그렇지만 협소하게 내용 전달에만 주목한 전략이었다. 거꾸로교실만으로 학생 중심의 교실이 만들어지지는 않았다. 거꾸로교실에서의 학습도 여전히 교사 중심이었고, 심지어 학생들의 배움의 속도에 맞춘 거꾸로완전학습 모델조차 그랬다.

이 책은 거꾸로교실이 진화한 다음 단계인 거꾸로배움으로 여러분을 안내할 것이다. 모든 학생들의 참여를 끌어내고, 아이들의 배움을 더욱 깊고 넓게 전환시켜 줄 수 있는, 교수 학습 전략에 이르는 길이 여기에 있다.

| 역자 서문 |

거꾸로교실, 진짜 배움으로 가는 길

'거꾸로교실'은 선생님들뿐 아니라, 학부모와 학생들까지 반드시 알아야 한다. 그것이 아무런 희망과 목표도 없이 그저 경쟁만을 위해, 엄청난 개인적, 사회적 비용과 에너지를 쏟아붓는 우리의 허망한 교육 현실을 중단하고, 진짜 세상에 대비하면서도 모두에게 행복을 주는 교육으로 극적인 방향 전환을 이루어 내는 길이기 때문이다. 이런 확신의 이유는 중학교 3학년 아이를 둔 학부모로서 다음과 같은 경험을 했기 때문이다.

"아! 정말 이 친구들 노벨상 줘야 해, 교육부문상을 만들어서라도!"

2013년 7월 중순, 거꾸로교실Flipped Classroom에 관한 자료를 처음 훑어보다가 부지불식간에 튀어나온 말이다.

"강의는 동영상으로 집에서 보고, 수업 시간에는 그것을 바탕으로 활동을 한다." 콜로라도 시골 학교의 화학 교사 존 버그만과 애론 샘즈가 생각한 너무도 간단한 발상의 전환이지만, 그들의 사례를 읽어 내려가는 동안 소름이 돋았다.

수업 영상을 이용함으로써 교실에서 모든 학생을 대상으로 하는 주입식 강의를 없애 버린다는, 그 단순함에 담긴 엄청난 잠재력을 읽을 수 있었기 때문이다. 그들이 겪었다는 마법 같은 교실 변화에는 충분히 믿을 만한 개연성이 있었고, 극도의 단순한 방법은 곧 보편성을 의미했으니, 미국뿐 아니라 전 세계, 곧 한국에서도 동일 효과를 만들어 내며, 벼랑 끝의 공교육에 극적인 탈출구를 내주지 않을까 하는 희망이 떠올랐다.

그래서 시작했다, 2013년 2학기 부산의 서명초등학교와 동평중학교의 거꾸로교실 실험을. 그러니, 2014년 대한민국 교육에 가장 뜨거운 화두로 등장한 거꾸로교실은 의심할 바 없이, 바로 이 두 시골 선생님의 신선한 발상과 경험이 그 시발점이다.

사실 처음 거꾸로교실을 시작할 때까지 두 사람과 메일 한 통 주고받은 적이 없었다. 존 버그만을 만난 것은 사실상 한국에서의 실험이 궤도에 들어서고 성공에 대한 확신을 가진 다음이었다. 2013년 10월, 미시간 호 인근의 존 버그만의 집을 방문해 한국에서 벌어진 거꾸로교실 실험을 설명했을 때, 존은 내심 당황했을 것이다. 한 번도 가 보지 못한 동양의 작은 나라에서 찾아와 뭘 가르쳐 달라는 것도 아니고, "우연히 선생님의 교육 방법을 보고, 한국에서 적용해 보았는데, 성공했습니다. 학생과 선생님 모두 수업에 몰입하며 행복해하고, 학업 성취도도 눈에 띄게 좋아졌습니다. 아마 여기서 그치지 않고 크게 확산될 것 같습니다."라니….

그것이 그들이 세상에 소개한 거꾸로교실의 힘이었다. 지극히 단순하며 특별한 훈련도, 대단한 장비와 투자도 필요하지 않고, 거창한 제도 변경을 요구하지도 않으니, 그저 선생님이 자기 교실에서 발상만 바꾸면 마법처럼 잠자는 아이들을 깨워, 배움의 길로 스스로 걸어 들어가게 만들 수 있다는, 도무지 믿기지 않는 수업 방법! 역설적으로 바로 같은 이유로 많은 이들이 거꾸로교실의 효과에 대한 의심과 경계를 풀지 않는다. 미국에서도 마찬가지였던 모양이다.

이 책에 담긴 이야기는 그런 의구심을 풀어 주기 위한 것이다. 읽다 보면, 종종 미국의 교사들이 겪는 일상이 얼마나 우리 선생님들과 유사한지 볼 수 있을 것이다. 날마다 잡무에 허덕이며, 정부나 교육기관이 주도하는 교육 혁신 정책의 비현실성에 암묵적인 반기를 들고, 아이들이 따라오지 못하는 걸 알면서도 진도에 허덕이며 하릴없이 '버리고' 가는 모습까지….

그런 보편성과 함께 거꾸로교실에 대한 다소 일반적이고 이론적인 배경이 전반부 4장까지를 채우고, 5장부터 13장까지는 초·중등, 심지어 교사 직무연수 담당자를 포함해 10명의 교육자가 겪은 거꾸로교실 체험기를 담고 있다. 거꾸로교실의 방법이 얼마나 보편적으로 과목, 학교급, 혹은 지역적 특성을 가리지 않고 의미 있는 효과를 만들어 내고 있는지 생생한 사례를 통해 방증해 내고 있는 것이다.

또한 미국에서 축적된 경험과 사례를 통해, 거꾸로교실의 의미와 형식, 적용 방법에 대한 오해를 풀며, 경직된 해석과 적용을 왜 벗어나야 하는지, 거기서 자유로워지면 어떻게 또 다른 차원의 마법이 벌어지는지 이야기하고 있다.

이를 위해서 존은 '거꾸로교실 기본형101'과 '거꾸로배움'을 구분한다. 자칫 거꾸로교실은 '집에서 수업 영상을 보고, 교실에서 활동하는 수업 방법'이라는 형식적인 정의에 빠지면 스스로 한계에 갇히게 되므로, 대신 '교실에서 학생들과 마주하는 시간을 가장 잘 활용하는 방법'을 제일 중요한 질문으로 간직하면, 훨씬 유연하고 배움의 본질에 다가가는 '거꾸로배움'으로 진화하게 된다는 의미이다.

사실 한국에서 거꾸로교실을 시작하고 확산하는 선생님들에게는 존의 구분법 자체가 좀 이해하기 어려울 수도 있다. 이미 이런 구분 자체를 전혀 인식하지 않고도 배움의 본질에 집중하며 유연하게 수업 운영을 하는 교사들도 많기 때문이다.

특히 거꾸로교실을 함께 하며 확산에 노력하는 선생님들의 모임인 '미래교실네트워크futureclass.net'의 경우, 짧은 기간 동안 강력한 협업을 통해, 말 그대로 압축 성장을 하며 다양하고 풍부한 경험을 축적해 오고 있다. 이 책에 담긴 미국의 사례를 통해 독자들이 거꾸로교실의 세계적 보편성을 이해하게 된다면, 이와 별도로 출간될 '미래교실네트워크' 선생님들의 사례는 한국 상황에서의 구체적인 적용 방법과 효과에 대해 의미심장한 경험을 제공할 것이다. 이와 함께 거꾸로교실 이해의 배경인 21세기 교육 혁명의 방향을 정리한 책도 차례차례 나오기를 기대한다.

거꾸로교실을 알게 된 후 가장 큰 소득은 중3 아들의 무기력과 반항의 근원이 교실에 있었음을 이해하게 된 것이다. 이를 이해함으로써 대화가 시작되었고, 갈등이 사라졌고, 아이는 희망을 찾았다. 이제 아들 정동현은 어느 때보다 의욕적으로 책을 읽고 그림을 그리며 자기 꿈을 향해 가고 있으니, 참으로 감사할 일이다.

전국의 다양한 학교에서 거꾸로교실을 시작하고, 다양한 경험으로 확신을 심어 준 미래교실네트워크의 모든 선생님들께도 이 자리를 빌어 진심으로 감사드린다. 그리고 무엇보다 참으로 큰 역할을 해 준 미래교실네트워크 연구팀장 임성희 씨, 존 버그만의 한국 방문 때 동시통역부터 이 책의 계약과 번역 과정까지 두루 기여한 그의 공에 대해 단순히 감사라는 말로 표현해도 될지 모르겠다.

아무쪼록 도움을 준 모든 분들에게 가장 큰 보람은 『거꾸로교실, 진짜 배움으로 가는 길』의 번역 출간이 한참 달아오른 한국의 거꾸로교실 열기에 의미 있는 길잡이가 되는 것이다. 그리 되리라 믿는다.

정찬필 KBS PD

2015년 1월

| 감수의 글 |

다른 교육은 가능하다

만약 외계인이 있어서 한국 교실의 전형적인 수업을 기술한다면 다음과 같은 글을 쓰지 않을까?

이 종족은 학생들을 아침부터 저녁까지 학교라는 곳에 가두어서 기른다. 수업 시간에 학생들은 교사라고 불리는 성인의 지시를 받는다. 그는 시종 엄숙한 태도로 교과서라는 것을 가르친다. 가르치는 방식은 모든 학생들에게 동일한 내용을 동일한 방식으로 전달하는 것이다. 학생들은 주로 조용히 앉아서 교사의 설명을 듣는다. 옆 학생과 이야기를 나누는 것도 금지되어 있는 듯하다. 칠판을 향한 학생들의 얼굴은 무표정하거나 불만스러워 보인다. 엎드려서 자고 있는 학생도 종종 눈에 띄었다. 이 학교라는 공간은 도대체 무엇을 하는 곳일까? 아무리 봐도 교육 활동을 하는 장소로는 보이지 않는다.

외계인의 시선처럼 가까운 미래의 어느 시점에 현재 우리 교실 수업이 한 시대의 야만적 풍경으로 기억되지 않을까? 흥미도 적성도 학습 속도도 다른 학생들에게 동일한 내용을 강제로 전달하는 산업화 시대의 수업 모델은 이제 서서히 종언을 고해 가고 있다. 많은 나라에서 좀 더 협동적이고 활동적이며 학생 중심의 방식으로 수업이 바뀌고 있다. 물론, 한국의 교육 현장도 그런 방향으로 조금씩 변해 가고 있다. 그러나 변화의 속도는 생각보다 느리다. 교육과정, 교과서, 평가 방식 등 수업을 둘러싸고 있는 생태계가 변화를 방해하기 때문이다. 전달식 수업 방식이 많은 교사들에게 하나의 습속으로 굳어져 있는 것도 문제이다.

이런 우리 교육의 현실을 감안할 때 거꾸로교실은 하나의 복음에 가깝다. 2014년 KBS 다큐멘터리 3부작 「미래 교실을 찾아서」를 통해 소개된 한국에서의 거꾸로교실 실험은 매우 고무적이다. 이 실험은 거꾸로교실이라는 단순한 아이디어가 어떻게 한국 교실의 고질적인 무기력증을 해결해 줄 수 있는지를 보여 주었다. 나는 거꾸로교실이 몇 가지 점에서 매우 주목할 만한 교실 수업 개혁 방안이라고 생각한다. 첫째, 매우 간단하고 단순한 아이디어에 기반하고 있다. 단순한 것에 진리가 있다고 종종 말하지 않는가? 거꾸로교실은 복잡하거나 어렵지 않다. 따라서 교사들이 쉽게 적용할 수 있다. 또한 간단한 발상의 전환만으로 여타 다른 수업 방법이 제공해 주기 어려운 낡은 산업화 시대의 수업 모델을 전복할 수 있는 현실적인 힘을 지니고 있다. 그리고 거꾸로교실에서 교사와 학생은 모두 행복하게 성장해 간다. 둘째, 거꾸로 교실은 교사가 처한 교실 딜레마에 적절하게 대응할 수 있도록 해 준다. 교사는 교실 수업에서 상충하는 다양한 요구에 직면한다. 무엇보다도 한국의 교사들은 교과서 진도도 다 나가면서 학생들에게 다양한 활동도 경험하게 해야 하는 어려운 과제를 안고 있다. 그런데 거꾸로교실은 그것을 가능하게 한다. 거꾸로교실은 내용도 잘 전달하면서 학생들이 풍부하게 활동도 할 수 있는 매우 실질적인 실천 방안이다. 셋째, 거꾸로교실은 21세기가 요구하는 수업 실천을 가능하게 한다. 오늘날 학습은 지식 습득 그 자체에 머물러서는 안 된다. 그것을 이해하고 활용하고 창의적으로 표현할 수 있어야 한다. 거꾸로교실은 교실을 그런 공간으로 탈바꿈시킨다. 교실에서 다양한 개별 학습과 협동 학습이 가능하게 하며, 지식 그 자체의 습득을 넘어서 지식을 활용하고 창의적으로 표현할 수 있는 공간으로 교실을 탈바꿈시킨다. 한마디로 21세기에 필요한 교실 수업으로 어렵지 않게 나아가는 것을 가능하게 한다.

이런 거꾸로교실이 한국에 소개되고 확산되는 데 정찬필 PD의 역할은 결정적이었다. 그는 학계가 거꾸로교실에 거의 주목하지 않을 때 거꾸로교실의 풍부한 가능성을 예감하였다. 그리고 부산 지역의 교사들과 6개월여의 실험을 통해서 이 아이디어의 놀라운 가능성을 현실로 증명했다. 그의 노력은 다큐멘터리 제작으로 끝나지 않았다. 함께 하는 교사들과 '미래교실네트워크'라는 자발적인 교사 모임을 창립하는 것으로 이어졌다. 현재 이 모임 소속 교사들은 누구보다 열정적으로 함께 연구하고 실천해 가고 있다. 나는 정찬필 PD에서 시작되어 '미래교실네트워크' 소속 교사들을 통해서 확산되고 있는 거꾸로교실의 아이디어가 종국적으로 한국 교실을 크게 바꾸어 놓을 것을 확신한다.

정찬필 PD는 바쁜 일정 중에 이 책도 번역하였다. 그의 노고에 감사하지 않을 수 없다. 이 책은 존 버그만과 그의 동료들이 거꾸로교실을 어떻게 실천하고 발전시켜 가고 있는지를 생생하게 담고 있다. 특히, '교사가 교실에서 학생들과 면대면으로 마주 대하는 시간을 어떻게 가장 잘 활용할 것인가' 하는 한 가지 핵심 질문을 바탕으로 거꾸로교실이 거꾸로배움으로 진화해 가는 것도 흥미롭다. 나는 이 책이 한국에서 거꾸로교실을 실천하는 교사들에게 훌륭한 안내서가 될 것으로 믿는다. 동시에 학생들과 마주하는 시간을 어떻게 보내는 것이 가장 최선인지를 고민하는 한국의 모든 교사들에게도 좋은 자극이 되리라 믿는다. 자기의 교실에서 모든 학생들과 행복하게 만나기를 소망하는 모든 교사들에게 이 책을 권한다. 그리고 한국 교사들의 새로운 실천이 아름답게 결실을 맺어 우리 교육이 지금보다 밝고 희망찬 모습으로 거듭나기를 소망한다.

청주교육대학교 이혁규 교수
『수업, 누구나 경험하지만 누구도 잘 모르는』 저자

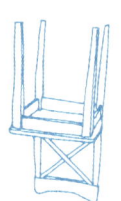

| 들어가며 |

단 하나의 질문

존 테이그는 버몬트 주 페어팩스 출신의 20년차 베테랑 수학 교사이다. 3년 전, 수업이 끝나자 한 여학생이 다가와 도움을 청했다. 그러나 학생에게는 설명을 들을 시간이 충분하지 않았고, 결국 화가 나서 말했다. "저 그냥 유튜브에서 동영상 찾아볼래요." 순간 존은 깨달았다. 학생들에게 필요한 것을 해 주기 위해서는 뭔가 다른 방법을 찾아야 한다는 것을 말이다.

존은 기존 수업 방법, 즉 날마다 30명의 학생들 앞에서 교사 혼자 떠드는 방식을 바꾸어야 한다는 사실을 알게 되었다. 답을 찾아 트위터를 샅샅이 뒤진 끝에, 존은 거꾸로교실 옹호자들을 만날 수 있었다. 이들이 했던 대로 존은 상급 미적분과 9학년 수학 과정에 거꾸로교실 방식을 끌어들였다. 이제 학생들은 이전보다 활동적으로 학습에 참여한다. 학생들은 개인별로 학습 활동을 하고, 교사는 학생에 따라 수업 방법을 달리할 수 있게 되었다. 거꾸로교실을 경험한 교사로서 존은 기회가 닿을 때마다 말한다. "이제 누구도 뒤처지게 남겨두지 않고, 아무도 지체되지 않는다."

앰버 밀러는 미네소타 주 스틸워터의 릴리 레이크 초등학교에서 5학년을 맡고 있는 2년차 교사이다. 첫해에는 새내기 교사로서 넘치는 열의를 가지고 학교에 들어섰지만 불행히도 그 열의는 빠르게 사그라들었다. 수학을 가르칠 때면 특히 그랬다. 과제가 너무 많아 마치 스스로가 컴퓨터 프로그램이 된 것 같았고, 어느새 학습지 채우기만 지나치게 강조하고 있었다. 이런 좌절 속에서 6개월을 보낸 뒤, 앰버는 거꾸로교실을 알게 되었다. 지역 교육청에서는 거꾸로교실에 중심을 둔 교수 학습 개발 프로그램을 시작했고, 앰버는 아주 열심히 참여했다. 거꾸로교실로 수업을 바꾸기 전까지 학생들은 수학을 끔찍이 싫어했지만, 이제는 더 해 달라고 조른다. 학생들은 수업 영상을 보는 데 그치지 않고, 이해한 것을 발표할 기회도 갖게 되었다. 앰버는 문학 수업에도 거꾸로교실 방식을 적용해 보려고 하고 있다.

두 교사는 나이와 경험은 다르지만 모두 교육에서 뭔가 변화가 필요하다는, 특히 교실에 어떤 변화가 있어야 한다는 결론을 내렸다. 그들만이 아니다. 점점 많은 교사들이 스스로에게 묻고 있다. "수업 방법을 다시 생각해야 하지 않을까? 강의식보다 나은 수업 방법이 있지 않을까? 아이들을 사로잡을 수 있는 방법이 있지 않을까?" 그리고 알아 가고 있다. "그래 답은 있어, 있어, 있다구!"

존과 앰버는 저마다 교사 개인의 변화가 필요하고, 또한 교실을 학습과 탐구 중심으로 바꿔야 한다는 결론에 이르렀다. 거꾸로배움을 통해 이런 생각을 실현할 수 있는 틀거리를 얻게 된 것이다.

- **교사에게 닥친 도전**

이 책은 변화, 즉 교사가 개별 아이들의 필요에 맞게 교실과 학교를 밑바닥부터 바꿔 나가는 이야기이다. 지나치게 학술적인 내용을 다루기보다 많은 교사들이 거꾸로배움의 길을 따라가며 경험한 변화들을 담고 있다. 독자들이 이런 변화를 겪고 있는 교사들과 함께 하면 좋겠다.

거꾸로배움은 변화를 위한 풀뿌리 운동이다. 여기서 말하는 변화는 하향식이 아니다. 한 교사가, 한 교실이, 한 학교가 차례차례 변화한다. 교사들은 교육 변화의 주체가 되어야 한다. 이 책을 읽는 여러분 역시 변화의 주체가 되었으면 좋겠다. 교육기관이나 교육 혁신가들이 변화 방법을 말해 주기를 기다리지 말고, 무엇이 학생들에게 최선인지에 바탕을 두고 행동했으면 한다. 우리는 교사들이 그저 교실만 거꾸로 만들지 말고, 더 깊고 보다 넓게 거꾸로배움의 길로 나아가기를 바란다.

- 단 하나의 질문

그렇다면 어떻게 교사들이 이런 변화를 가져올 수 있을까? 어떻게 하면 교사들이 자기 학교에서 변화의 주체가 될 수 있을까? 여기에 교사들이 근본적으로 물어야 할 질문이 있다. 과장되게 들릴 수도 있지만, 우리는 이것을 '단 하나의 질문'이라고 부를 생각이다. '단 하나의 질문'은 이 책 전체를 관통하는 공통의 실마리가 될 것이다.

학생들과 마주하는 시간을 가장 잘 활용하는 방법은 무엇인가?

교사들에게 가장 소중한 자산은 날마다 학생들과 함께 지내는 시간이다. 배움을 극대화하기 위해 교사들은 이 금쪽같은 시간을 지렛대로 활용해야 한다. 학생들을 향해 매일 같이 떠드는 것은 수업 시간을 활용하는 최선의 방법이 아니다. 학생들은 어려운 개념이나 문제에 부닥쳤을 때 교사를 가장 필요로 하지만, 정작 기존 교실에서 교사는 도움을 줄 수 없다. 수업 시간을 가장 잘 활용하는 방법은 학습 활동을 보다 풍부하게 만들고 알맞은 경험을 녹여 내는 것이다.

답은 무엇인가? 무엇이 학생들과 마주하는 시간을 가장 잘 활용하는 방법인가? 문제 기반 학습? 탐구 학습? 토론 수업? 직접 강의? 문제 풀기? 이 책에서 모두를 위한 단 하나의 답을 찾을 수는 없다. 우리는 책에 등장하는 교사들이 저마다 '단 하나의 질문'에 어떻게 답해 왔는지를 보여 줌으로써 가능한 많은 답을 제시하려고 한다. 우리는 이 질문에 대한 답이 하나 밖에 없을 거라고 믿지 않는다. 실제로, 거꾸로배움의 가장 큰 힘은 아이들 저마다의 배움을 개별화해 줄 수 있는 능력이다. 학생들은 모두 다르다. 서로 다른 재능과 능력, 열정과 관심을 지니고 교사들에게 오기 때문에 다양한 답이 있을 것이다.

우리는 모든 교사들이 스스로에게 '단 하나의 질문'을 던졌으면 좋겠다. 그리고 이 질문에 정직하게 답하는 과정에서, 가르치고 학생들과 소통하는 방법이 영원히 바뀌게 될 것이라고 믿는다.

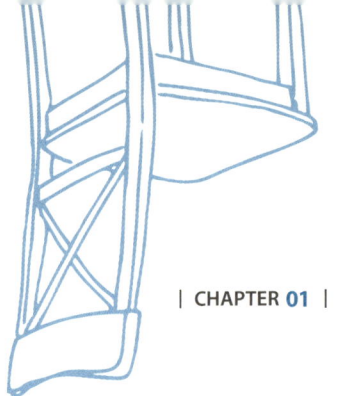

| CHAPTER 01 |

거꾸로배움 모델

거꾸로교실과 거꾸로배움에 관한 기사나 블로그, 웹 세미나, 인터뷰 등이 교육 매체를 통해 쏟아져 나오면서, 많은 교사들이 궁금해하고 있다. "대체 거꾸로교실이 뭐야?" 우리는 이 질문에 대해 답하기를 망설여 왔다. 거꾸로교실은 우리가 진짜로 내세우고 싶었던 거꾸로배움으로 이끄는 한 단계라고 굳게 믿고 있었기 때문이다. 이 말은 좀 점잖빼는 표현처럼 들리지만 명확히 밝히고 싶다. 지금 널리 알려진 거꾸로교실은 거꾸로배움의 기본형일 뿐이다.

∴ 거꾸로배움이란

보통 사람들이 알고 있는 거꾸로교실이란 학생들이 수업 영상을 집에서 보고 기존의 과제 학습지, 문제풀이, 단원 평가들을 교실에서 하는 것이다. 우리는 이를 '거꾸로교실101' 버전이라 부른다. '거꾸로교실101'은 출발점이지, 목표나 멈춰야 할 지점이 아니다. 교사가 직접 강의하는 시간을 전체 배움 공간에서 개별 배움 공간으로 옮기는 일은 앞으로의 여정을 위해 대단히 중요하지만, 그 자체가 종착점이 될 수는 없다.

첫 책, 『당신의 수업을 뒤집어라 Flip Your Classroom: Reach Every Student in Every Class Every Day』시공미디어, 2013에서 우리는 '거꾸로교실101'을 사용했던 첫해에 관해 이야기했다. 그해에 우리는 무엇보다 학생들을 위한 질 높은 수업 영상을 만드는 데 집중했다. 해를 거듭하면서 우리는 거꾸로교실의 요소를 활용해 아이들을 완전학습으로 이끌 수 있음을 깨달았다. 그래서 우리는 '거꾸로교실101'을 거쳐 거꾸로완전학습 모델을 발전시켰다. 여기도 끝이 아니었다. 이제 거꾸로배움으로 더욱 나아가고 있다.

거꾸로배움이란 대체 무엇일까? 우리는 람시 무살람Ramsey Musallam (www.cyclesoflearning.com)의 연구에서 빌려 온 '거꾸로배움 네트워크

Flipped Learning Network' 단체의 정의를 좋아한다.

거꾸로배움이란 전달식 강의를 전체 배움 공간에서 개별 배움 공간으로 옮기고, 그 결과 남겨진 전체 배움 공간을 역동적이고, 서로 배움이 가능한 환경으로 바꾸는 교육 실천이다. 거꾸로배움에서 교사는 학생이 학습 주제와 관련하여 개념을 적용하고, 창의적으로 참여할 수 있게 안내한다.

여기서 전제는 흔히 강의식이라고 말하는 직접 교육을 모두를 대상으로 하지 않는 것이다. 거꾸로배움에서 전달식 강의는 교사가 만든 수업 영상을 통해 학생별로 주어진다. 이렇게 시간을 맞바꿈으로써 교사는 자유롭게 학생들과 마주할 수 있고, 학생들은 좀 더 풍부하고 의미 있게 배울 수 있다.

교사가 수업 시간에 직접 강의를 하지 않는다면, 대신 무엇을 할 수 있을까? "학생들과 마주하는 시간을 가장 잘 활용하는 방법은 무엇인가?"라는 '단 하나의 질문'에 답함으로써 그 해답을 찾을 수 있다.

거꾸로배움의 핵심에는 개별 학습이 있다. 차별화된 강의, 문제 기반 학습, 프로젝트 기반 학습, 탐구 학습 등 개별 학습에는 학생 중심의 다양한 교육 방법과 변화된 형태가 있다. 이런 개별 학습 방법들과 거꾸로배움의 개념이 결합되면 보다 실현 가능성이 높아진다. 거꾸로배움은 근본적으로 학습자를 중심에 두고 있다.

거꾸로배움에 이르는 과정은 정해져 있지 않다. 따라서 아주 다양한 방법이 열려 있기도 하다. 모든 교실, 모든 교사, 모든 학생에게 적용할 수 있는 하나의 수업 전략은 존재하지 않는다. 거꾸로배움은 저마다의 스타일과 방법, 환경에 맞추어 적용할 수 있다. 교사들은 학생들에게 맞게 거꾸로배움을 개별화하고, 교육자로서 자신의 장점을 활용할 수도 있다. 그렇다 해도, 모든 성공한 거꾸로배움에는 몇 가지 핵심 요소들이 있다.

∵ 거꾸로배움을 성공으로 이끄는 핵심 요소

많은 교사들과 이야기를 나누면서 우리는 거꾸로배움이 성공하는 데 몇 가지 이유가 있음을 알게 되었다

- 협업

거꾸로배움을 혼자서 실현하기는 대단히 어렵다. 처음 거꾸로배움을 시작했을 때, 우리는 바로 옆 교실에 있었다. 거꾸로배움을 발전시켜 가는 동안, 우리는 수업을 어떻게 조정하고 다시 점검할지 끊임없이 이야기를 나눴다. 혼자였다면 둘 중 누구도 해내지 못했을 것이다. 거꾸로배움을 발견하고 성공적으로 이끈 교사들도 대부분은 커뮤니티 안에서 해냈다.

협업의 좋은 사례로 영어 교사인 앤드류 토마슨과 체릴 모리스가 있다. 앤드류는 노스캐롤라이나, 체릴은 캘리포니아에서 가르친다. 둘은 2012년 거꾸로교실 가상 컨퍼런스에서 만났고, 서로의 교육철학이 비슷하다는 것을 알게 되면서 협업을 시작했다. 지금 이들은 서로 3시간 차이가 나는 지역에 살고 있지만, 수업 영상을 함께 만든다. 이들이 이룬 성공은 무엇보다 서로 네트워크가 잘 이루어진 덕분이다. 또한 트위터를 비롯한 SNS를 통해 더 큰 거꾸로배움 공동체에 연결되어 있었기에 가능했다.

- **학생 중심 배움**

대체로 교실은 교사 중심이다. 교사는 똑바로 서서 가르치고, 학생들에게 일종의 프리젠테이션을 한다. 아무리 잘 가르친다고 해도 배움에 참여하지 못하는 학생들이 종종 생긴다. 우리는, 교사가 무대에서 내려와 학습 내용의 전달자가 아니라 배움의 촉진자가 될 때, 학생에게 초점을 맞춘 배움 공간으로 교실이 바뀌는 것을 지켜봐 왔다.

- **최적화된 교실 공간**

교실 공간은 대개 교사와 학습 내용이 중심이 되어야 한다는 생각을 바탕으로 디자인된다. 20년 전에는 칠판과 교탁이 교실의 중심이었고, 기술이 발달하면서 칠판은 화이트보드로, 화이트보드는 다시 스크린과 프로젝터로 바뀌었으며, 이제는 전자 칠판에 막대한 돈을 쏟고 있다. 불행히도 이런 변화는 교사 중심의 교실을 거의 바꾸어 놓지 못했다. 여전히 교사는 교실에서 주목 받는 중심에 서 있고, 학생들은 줄지어 앉아 수동적으로 수업을 듣는다.

거꾸로배움을 시도하면서, 교사들은 모든 학생들에게 학습 내용을 한꺼번에 전달하지 않아도 된다는 사실을 깨달았고, 대부분 교실 공간에도 변화가 일어났다. 물론, 학교 시설이 고정되어 있거나 교실을 바꾸고 싶어 하지 않는 교사와 같이 써야 해서 바꾸지 못한 경우도 있었다. 그럼에도 유연한 사고를 지닌 교사들은 창의적으로 공간을 변화시켰다.

교실을 거꾸로 만드는 데 한 가지 방법만 있지 않듯, 학생 중심으로 교실 공간을 마련하는 데에도 정해진 방법은 없다. 그럼에도 몇 가지 제안하고 싶은 일반적인 원칙이 있다.

협업을 위한 공간을 만들자. 거꾸로배움은 본래 협업적인 시도이며, 거꾸로배움을 하는 교사들이 협업을 북돋울 수 있는 방향으로 시설을 재배치할 것을 권한다.

개별 공간을 만들자. 모든 활동을 모둠별로 할 수는 없다. 학생들에게는 방해 받지 않고 집중할 공간이 필요하다. 협업을 중요시하는 교실에서 이런 공간을 마련하기는 쉽지 않다. 학생들을 위해 소음 차단용 헤드폰을 구비해 두는 것도 한 방법이다.

학생 중심의 수업을 강조하자. 이제 수업이 학생 중심으로 바뀌니, 교실 구조도 교사 중심에서 벗어나야 한다. 어떤 교사들은 돌아다니며 학생들의 활동을 돕기 위해, 아예 자기 책상을 없애기도 한다.

가르침이 아닌 배움을 강조하자. 교실은 가르치기 위한 공간이 아니라 배우기 위한 공간이다. 교실을 재배치할 때에는 이 점에 유념해야 한다. 대개 학교는 전달식 강의를 우선시하여, 이에 따라 교실을 배치한다. 그러나 학교의 최우선 목적은 배움이며, 공간 또한 이를 반영해야 한다.

- **시도하기에 충분한 시간**

새로운 교수 학습 전략을 시도하는 데에는 많은 시간이 필요하다. 거꾸로배움도 예외는 아니다. 교사들은 수업 방법만 다시 생각하면 되는 게 아니라, 새로운 기술과 절차도 배워야 한다. 2010년, 우리는 사우스다코타 주에 있는 수 폴즈 학군에 갈 기회가 있었다. 그들은 거꾸로완전학습 모델의 요소를 적용할 계획이었다. 이 학군에서는 프로그램 개발 명목으로 교부금을 신청해 받았다. 리더 그룹은 이 모델을 실현하는 데 시간이 가장 문제라는 걸 알았다. 그래서 거꾸로교실에 필요한 학습 자료를 개발하기 위해 초과 근무를 하는 교사들을 배려하여 교부금에 시간외수당을 책정했다. 이러한 배려는 엄청난 결과를 가져왔다. 우리는 거꾸로배움을 실현하는 데 필요한 교사들의 과외 업무에 대해, 지역 교육청과 학교에서 다양한 보상 방법을 고민하기를 제안한다.

- 학교 관리자들의 지원

한 단원만 시도해 보아도 거꾸로교실은 완전히 다른 수업 방식이라는 것을 알 수 있다. 교사들이 혁신과 변화의 방향으로 이끌어 가려면 관리자들의 지원이 필요하다. 학교 단위이든, 학군 단위이든 관리자들이 거꾸로교실의 개념을 끌어안으며 직무연수와 자원을 지원하는 한편, 아이들을 위한 변화를 기꺼이 받아들인다는 의지를 보여주었을 때, 가장 눈에 띄는 변화가 일어났다.

- 교육정보기술지원부서의 지원

학교와 교육청에서는 '수업 영상을 어디에 저장해야 하는가'를 가장 궁금해 한다. 이 질문에도 정답은 없다. 학생들이 수업 영상에 접근할 수 있는 방식은 학교마다 다양하다. 그러나 원활한 접속 환경을 만들려면, 거꾸로교실에 대한 교육정보기술지원부서의 지원이 꼭 필요하다. IT 전문가들이 쉬운 워크플로우를 개발하여, 교사들이 수업 영상이나 다른 수업 자료들을 손쉽게 만들고 공유할 수 있게 지원한다면 최선일 것이다.

- 깊이 있는 성찰

대체로 거꾸로배움을 하면서 가장 효과를 보는 부류는 수업에 대해 깊이 있게 성찰하는 교사들이다. 이들은 끊임없이 개선책을 찾는다. 거꾸로교실을 만드는 데 한 가지 방법만 있는 게 아니라는 것을 깨닫고, 학생들의 필요에 맞추기 위해 계속해서 수업 방법을 바꾸고 조정한다. 교실에서 벌어지는 모든 면에 있어서, 배움의 목적에 다가가는 데 도움이 되는지 여부를 판단한다. 이런 메타인지적 과정이 결국 모든 학생들에게 도움을 주는 것이다.

거꾸로교실 컨퍼런스에 참석했던 한 교사는 학교로 돌아가 우리가 한 방식을 그대로 시도했다가 완전히 실패했다. 그는 실패의 원인을 돌아보았고, 우리 방식을 흉내 내는 것이 아니라 자기만의 방식으로 거꾸로교실 모델을 바꿔야 한다는 결론에 이르렀다. 이런 시도 끝에 그는 엄청난 성공을 경험하게 되었다.

∵ 거꾸로배움으로 가는 많은 길

  우리는 전 세계에서 거꾸로교실 기본형을 시작한 놀라운 교육자들을 수없이 보아 왔다. 우리가 그러했듯이, 대개 그들도 거꾸로교실 기본형으로 바꾸고 한두 해를 보내면서, 곧 거꾸로교실이 거꾸로배움으로 가는 관문임을 깨달았다. 모든 교사들이 우리처럼 거꾸로완전학습 모델을 거치지는 않았다. 많은 이들이 거꾸로교실 기본형에서 바로 거꾸로배움으로 넘어간 것이다. 우리는 독자들이 거꾸로교실 기본형에서 학생들을 위해 '보다 깊고 더 넓은' 배움을 경험하는 단계로 들어서기를 바란다. 이 배움의 전략은 3장과 4장에서 다루고 있다.

  일리노이 주 케닐워스에 있는 조셉 시어즈 학교에서 7학년 수학을 맡고 있는 저스티나 칼리노프스카 이야기를 예로 들어 보자. 거꾸로교실 기본형을 시도한 첫해, 저스티나는 수업 영상 만들기에 집중했다. 그해 봄에는, 필라델피아에서 열린 전국수학교사협의회에 참석하여 '수학 수업에서 학생 참여 높이기'란 주제 발표를 들었다. 거기서 저스티나는 좋은 수학 교육의 핵심은 공식을 외우게 하는 것이 아니라, 학생들이 수학적으로 사고할 수 있게 돕는 것임을 깨달았다. 이런 통찰로 힘을 얻은 저스티나는 학교로 돌아와 보다 깊은 배움으로 이끄는 전략을 시도했다. 그녀는 배우는 속도가 빨라서 우리처럼 1년이나 걸리지 않았다. 그 결과 거꾸로교실 기본형으로 수업 시간을 보다 가치 있게 이끌어 냈고, 이를 기반으로 다시 1년 동안 변화를 만들어 냈다. 이 책 후반부에서 저스타나가 어떻게 거꾸로교실 기본형을 통해 깊은 배움이 가능한 교실을 만들 수 있었는지 살펴볼 수 있다.

∵ 혁명적 변화 vs 변혁적 변화

어떤 교육자들은 이렇게 물을 것이다. "왜 이 책은 하향식 교육 혁명에 관해 이야기하지 않는가?" 혁명적 변화와 변혁적 변화의 차이를 이해하면 아마 도움이 될 수 있겠다. 최근 여러 지역에 방송된 라디오 프로그램에서, 사회자가 이 주제로 출연자에게 질문했다. 출연자는 혁명의 본질이 갖는 두드러지는 특성을 이렇게 말했다.

- 혁명은 밖에서 안으로 들어오는 변화이다.
- 혁명은 권력의 수장을 겨냥한다.
- 혁명은 전형적으로 조직이나 국가의 지도자를 교체한다.
- 혁명이 일어나면, 변화는 위에서 아래로 생긴다.
- 종종 혁명은 한 폭군을 다른 폭군으로 교체하는 것에 그쳐, 백성들의 처지에는 그리 큰 변화가 생기지 않는다. 약간의 차이는 있을지 몰라도.

출연자는 그 뒤에 혁명적 변화와 대비되는 개념으로 변혁적 변화에 대해 이야기했다. 변혁적 변화는 다음의 특성이 나타난다.

- 변화가 안에서 밖으로 일어난다.
- 바이러스가 퍼지듯 한 번에 한 사람씩 전파된다.
- 변혁적 변화는 자체 증식한다. 즉, 한 사람씩 변화하면서 자신들이 배운 것을 다른 사람과 나누고, 그 사람이 다시 변화를 퍼뜨리는 사람이 된다.
- 변화가 아래에서 위로 일어난다.

끝으로 출연자는 변혁적 변화가 혁명적 변화보다 훨씬 우월한 모델이라고 주장했다. 이 말은 모든 혁명이 나쁘다는 말이 아니라, 변혁적 변화가 보다 지속 가능한 변화의 모델이라는 의미이다. 경험에 비추어 보면, 교육계에는 개혁 과제로 정말 많은 변화의 아이디어가 아래로 내려오지만, 정작 학교가 어떤 역할을 해야 되는지에 대한 논의에서는 교사를 종종 배제해 버린다. 이런 하향식 개혁이 실제 교실에 아무런 변화도 일으키지 못하는 건 놀라운 일도 아니다. 지금도 그렇지만, 이 같은 교육 개혁은 대부분 탄탄한 연구를 바탕으로 한 훌륭한 교육 방법들이다. 그러나 학교를 바꾸는 데 의미 있는 결과를 내지 못하고 그저 스쳐 지나가 버린다. 교사들 가운데 극히 일부만 적용해 보았기 때문이다.

이제는 솔직해지자. 우리가 교직에 있는 동안 이런 변화는 수없이 스쳐 갔다. 우리도 다른 교사들처럼 똑같이 반응했다. 그냥 지시를 무시해 버리거나, 문을 잠가 버렸고, 학생들에게 최선이라고 여기는 대로 계속 했다. 이따금 당시에 뜨는 방법에 대해서는 입에 발린 소리도 하고, 윗사람들이 원하는 모든 문서를 작성해 주고는, 룰루랄라 교실로 돌아와 해 오던 방식 그대로 수업을 했다.

거꾸로배움도 다른 시도들처럼 한때 주목 받다 새로운 무언가가 생기면 사라질 운명처럼 보일 수도 있다. 그러나 거꾸로배움은 변혁적인 변화이기 때문에 지속 가능한 힘을 갖고 있다. 전 세계에서 점점 더 많은 교육자들이 이 모델을 채택하며 바이러스처럼 퍼져 가고 있다.

거꾸로배움은 하향식 변화가 아닌 풀뿌리 운동이다. 이런 풀뿌리 운동의 특성으로 인해, 그간 변화에 방어벽을 치고 있던 교사들도 공감하고 있는 듯하다. 이들 역시 그간 자신들의 일상적 수업과 무관한 직무연수를 이수 '당해야' 했던 교사들이었다. 거꾸로배움은 이런 교사들이 스스로 선택한 직무연수 과정이기도 하다.

2007년, 거꾸로교실을 처음 시도했을 때를 생각해 보자. 우리는 교사로서 그저 아이들을 위해 최선을 다 했을 뿐이다. 책이나 논문에서 얻은 아이디어가 아니었다.

이 길을 가며 우리는 성공과 실패의 경험을 다른 이들과 그때그때 나누었다. 이 모델에 관심을 보이는 교사가 있으면, 바로 워크숍을 열어 가르쳐 주었다. 그러다 보니, 보다 많은 교사들이 자신의 교실을 뒤집었고, 그들은 다시 또 다른 이들에게 전해 주었다. 이로 인한 아름다운 결과가 바로 계속 커져 가는 거꾸로교실 교사들의 공동체이고, 그들과 함께 통통 튀는 아이디어를 쏟아 내고 있다. 우리는 아무 것도 없던 상태에서 무언가를 해낸 것이 아니다. 우리의 실천을 보다 정교하게 갈고 닦을 수 있게 도와준 교사들이 있었고, 그렇게 퍼져 나갔다. 매력을 느끼는 이들이 늘어 갈수록 거꾸로교실은 점점 더 진화할 것이다.

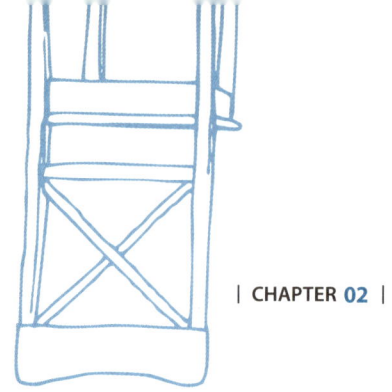

| CHAPTER 02 |

거꾸로교실에 대한 몇 가지 오해

지난 몇 년간 거꾸로교실의 접근 방식에 대해 종종 교육자들과 블로거들의 비판이 있었다. 거꾸로교실 기본형만 놓고 본다면, 그 우려가 대부분 의미 있다고 생각한다. 그런데 많은 교사들이 거꾸로교실 기본형을 뛰어넘어 거꾸로배움으로 나아가면서 수업 방식이 교사 중심에서 학생 중심으로 전환되었고, 그간의 많은 우려들이 의미 없게 되었다. 그럼에도 우리는 여러 오해들을 다루면서, 어떻게 거꾸로배움이 거꾸로교실에 대한 이런 우려를 해소하고 있는지 설명하려 한다.

• 거꾸로교실은 동영상 강의가 전부이다

거꾸로교실을 둘러싼 보도의 대부분은 동영상 강의가 학생들에게 무슨 도움이 되느냐에 집중되었다. 칸 아카데미 같은 웹 사이트는 예전 같으면 문자로 된 책이나 강사의 머릿속에만 머물러 있던 내용을 동영상으로 제공하여 크게 주목을 받았다. 거꾸로배움에서 동영상은 중요하게 다루어지지만 핵심은 아니다. 거꾸로배움의 본질은 수업 시간의 재발견에 있다. 거꾸로배움에서 수업 시간은 교사가 모든 학생들을 대상으로 전달식 강의를 하지 않고, 개별 학생들이 자기 수준에 맞추어 수업 내용을 들으면서 만들어진 시간이다. 그러므로 수업 영상은 거꾸로배움에서 중요한 기능을 하지만, 가장 중요하다고 볼 수는 없다. 더 깊고 보다 넓은 배움이 일어날 수 있게 하는 거꾸로배움의 출발점으로 활용해야 한다.

• 거꾸로교실은 기기 사용이 어려운 학생들의 수업권을 빼앗는다

거꾸로교실에 대해 가장 많이 하는 오해는 기기 사용이 어려운 학생들은 참여할 수 없기 때문에 거꾸로교실을 하면 안 된다는 주장인 듯하다. 2007년에 거꾸로교실을 시작할 무렵, 우리 학생들의 25%만

이 집에서 인터넷에 접속할 수 있었다. 그래서 우리는 다른 방법으로 학생들이 동영상을 볼 수 있게 해 주었다. 우리는 다양한 방법을 활용했다.

어떤 학생들은 집에 컴퓨터는 있지만, 유선 전화를 사용하는 저속 인터넷을 사용하고 있었고, 아예 연결이 되지 않는 경우도 있었다. 우리는 학생들에게 USB 드라이브를 가져오게 해서 수업 영상을 담아 주었다. 컴퓨터가 아예 없거나 인터넷을 사용할 수 없는 학생들에게는 수업 영상을 DVD에 구워 나누어 주었다. 학생들은 집에서 DVD 플레이어로 수업 영상을 보았다. DVD 플레이어는 모든 학생들이 집에 가지고 있는 걸 알았기 때문이다. 만일 그렇지 않았다면, 학생들을 위해 DVD 플레이어 몇 대를 구입할 생각도 있었다.

이 문제는 중요하지만, 약간의 아이디어만 있으면 해결할 수 있다. 우리는 앞서 말한 것처럼 학생들이 수업 영상을 볼 수 있는 환경을 만들어 주었지만, 대응 방법은 상황에 따라 다르다. 좋은 소식이라면 2007년 이후, 기술이 발달하면서 훨씬 많은 학생들이 아이팟이나 휴대전화 같은 개인 기기로 인터넷에 접속하여 학교 밖에서도 수업 영상을 볼 수 있게 되었다.

나는 최근 일리노이 주의 하바나 고등학교와 같이 일을 하고 있다. 하바나 고등학교는 거꾸로교실 기본형을 모든 학급에 도입하기로 했는데, 학생들 가운데 절반이 무료 혹은 감면 급식 대상자였다. 이런 상황을 알고 있던 학교 관리자들은 학생들이 기기 사용 문제로 집에서 수업 영상을 보기가 어려울 것이라고 판단했다. 마크 투미 교장은 모든 학급에서 거꾸로교실을 시행하기에 앞서, DVD 플레이어를 구입하여, 필요한 경우 학생들이 집에 가져갈 수 있게 했다. 그런데 아직까지 어떤 학생도 DVD 플레이어를 빌려가지 않았다. 교장은 학생들이 인터넷에 접근해 수업 영상을 볼 수 있는 충분한 기기를 가지고 있다고 보고서를 제출했다. 기술이 뒷받침되지 않을 경우를 대비했던 이 사례는, 실제로 디지털 환경 격차를 줄이는 문제가 생각만큼 큰 난관이 아님을 보여 준다.

거꾸로교실에서는 동영상에 대한 접근성 문제를 이와 같이 해결했다. 그렇다면, 거꾸로배움에서는 어떻게 문제를 풀어 갈까? 거꾸로교실 기본형에서는 모든 학생이 수업 전날 밤에 수업 영상을 보고 와야 했다. 만약 교사가 학생들에게 수업 시간 외에 수업 영상을 보고 오기를 요구하려면, 학생들이 접근할 수 있도록 해 주어야 한다. 그러나 만일 모든 학생들이 수업 전에 강의 영상을 보고 오는 것보다 가장 적절할 때 보는 것이 더 효과적이라면 어떨까? 거꾸로배움의 맥락에서 수업 영상은 학생들이 볼 준비가 되어 있을 때 보면 된다. 교실 안팎 어디든 상관없다. 꼭 집에서 봐야 하는 것도 아니다. 그러니, 동영상을 보는 문제도 줄어든다. 충분한 시청 환경을 갖추는 문제는 이제, 개별 학생들의 문제가 아니라 교실의 문제로 바뀌게 된다.

• 거꾸로교실은 나쁜 교육론을 퍼뜨린다

많은 비평가들이 거꾸로교실 교육론을 빈약한 교육 방법으로 여긴다. 단순히 강의를 동영상에 담는 것은 아주 나쁜 교육법을 확산하는 것이라고 단언한다. 만일 거꾸로교실이 강의를 동영상에 담기만 하고 다른 모든 것을 이전과 똑같이 한다면, 이런 비판에 동의할 수도 있다. 그러나 교사들은 대부분 거꾸로교실 기본형에만 머무르지 않는다. 대개는 우리 친구이자 동료 교사인 트로이 콕크럼이 '둘째 판'이라고 부르는 방향으로 전환한다. 좋은 교사라면 누구나 그렇듯, 수업을 되돌아보고, 효과가 있는 것은 유지하고, 문제가 있는 것은 고치며, 거꾸로교실 기본형에서 보다 나은 거꾸로배움으로 접어든다.

뛰어난 교사이기도 한 많은 교육 비평가들이 간과하고 있는 점이 있다. 그들 스스로도 경험해 왔듯이, 변화에는 시간이 필요하다는 사실이다. 20년 경력의 강의 전문가에게 당장 내일부터 프로젝트 기반 학습만 해야 된다는 소리를 할 수는 없다. 어떤 교사도 그런 중대한 변화를 하룻밤 사이에 만들어 낼 수는 없다. 이런 변화를 만들기 위해서는 가려는 목적지와 길을 안내해 줄 로드맵, 그리고 여행할 시간이 필요하다. 변화는 과정이며, 변화하는 데 필요한 시간은 사람마다 다르다. 기존 패턴에서 교사들을 자유롭게 해 주는 것이 중요하다. 우리는 종종 이런 질문을 받는다. "거꾸로교실을 하는 데 가장 큰 장애물은 무엇인가?" 그러면 이렇게 답한다. "선생님들의 마음을 거꾸로 만드는 것"이라고. 변화는 누구에게나 쉽지 않다. 그러나 우리는 거꾸로교실 기본형이 많은 교사들에게 엄청난 변화의 출발점이 되는 것을 지켜봐 왔다. 교사들은 결국 거꾸로배움에 이르렀고, 어느 때보다 큰 성과를 내고 있었다. 우리는 거꾸로교실 기본형을 시작하는 교사들을 격려하고 싶다. 많은 교사들에게 친숙한 전략이기 때문이다. 하지만 우리는 교사들이 거꾸로교실 기본형에 머물지 않고, 거꾸로배움으로 나아가길 바란다.

- **거꾸로교실은 불필요한 과제를 만든다**

거꾸로교실을 경험한 학생과 교사 모두, 이전에 과제를 하는 데 걸린 시간보다 수업 영상을 보는 데 시간이 덜 든다고 말한다. 메릴랜드 주 포토 맥에 있는 불리스 고등학교 수학 교사인 스테이시 로샨은 상급 미적분 반에 거꾸로교실을 적용한 뒤, 학생들이 덜 초조해하고, 과제하는 시간이 줄어들었다고 한다. 상급 미적분 반의 점수는 어느 때 보다 좋아졌다. 이들의 실제 모습은 '불안 탈출 Ditching Anxiety'이란 제목의 유튜브 동영상에서 확인할 수 있다. www.youtube.com/watch?v=8IvjH4aiCeY

거꾸로배움은 가정에서 과제에 관해 이전보다 폭넓은 대화를 하게 하는 바람직한 변화를 가져오기도 했다. 정해진 시간 동안 수업 영상을 보면서, 학생들은 과제를 좀 더 잘 이해하게 되었다. 때때로 학생들은 수업 시간에 학습 내용을 이해하지 못한 채 집에 가서 헤매고는 했다. 거꾸로교실에서는 학생들이 수업 영상을 통해 배움의 기초를 쌓고, 학교에 와서 더 깊고 넓은 배움의 길로 들어선다.

부모 역시 자녀의 과제를 도와줄 수 있게 되었다. 많은 부모들이 자녀와 함께 수업 영상을 보고 배우며 동영상의 가치를 알게 되었다고 한다. 선의를 가진 부모들은 종종 자녀들을 돕지 못해 좌절하거나 자녀들이 학교에서 배운 것과 다른 방식으로 가르치려다가 학생들을 불안하게 만든다. 거꾸로교실에서 부모들은 자녀와 같이 강의를 보고 배운 다음, 도움을 줄 수 있다. 부모가 잘 알지 못하는 전문적인 주제라면, 그저 자녀들이 수업 영상을 보는 것을 격려만 해 주어도 된다. 여기까지가 단지 거꾸로교실 기본형에서 생긴 변화이다. 교사들이 거꾸로배움으로 들어서면 훨씬 더 나아진다.

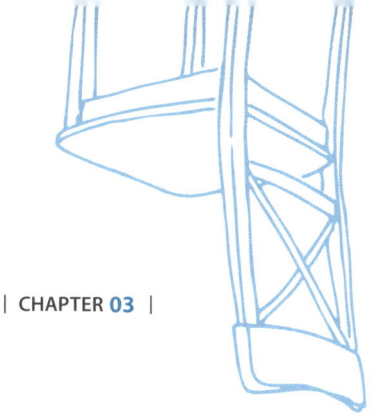

| CHAPTER 03 |

학습 내용, 호기심, 관계

교육 관계자들에게 강연할 때 '좋은 교육이란 항상 관계에 관한 것'이라는 주제를 주로 다룬다. 어떤 컴퓨터나 동영상 강의도 진짜, 살아 있는 교사를 대체할 수는 없다. 교사와 학생이 함께 발전시켜 가는 관계는 교사가 거꾸로교실을 하느냐 마느냐에 상관없이 좋은 교육을 만든다.

버지니아 주 햄프턴에 있는 햄프턴 대학 콰미 M. 브라운 심리학 교수 @drkmbrown와 트위터를 할 때였다. 우리 둘은 좋은 교육이란 무엇인지를 놓고 토론을 벌였다. 나는 좋은 교육이란 항상 교사와 학생의 관계를 쌓아 올리는 것이라고 주장했다. 브라운 교수는 이렇게 되돌려 주었다. "교육이란 학습 내용과 호기심 그리고 관계의 교차점에 있다고 정의하면 어떨까요?" 이렇게 오간 대화는 거꾸로교실에 대한 모든 것을 가다듬는 데 도움을 주었다. 좋은 가르침은 친밀한 관계를 바탕으로 하지만 호기심과 학습 내용 역시 좋은 교육의 핵심 요소이다. 우리는 배움 속에 깃든 다른 가치들을 희생시키며 학습 내용만 지나

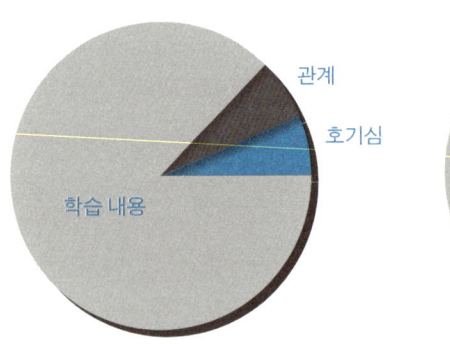

도표 3-1 현재 교육 지형의 모습

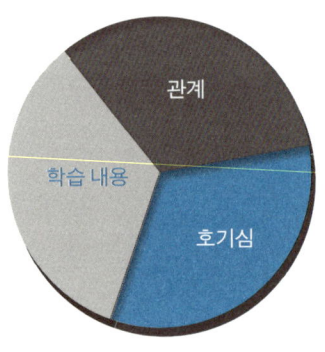

도표 3-2 현재 교육 지형이 되어야 하는 모습

치게 강조하고 있는 현재의 교육 체계를 우려한다. 표준화된 교육과정이나 평가 방법은 관계나 호기심을 위한 여지를 남겨 두지 않기 때문이다. 현재의 교육 지형은 도표 3-1 파이 차트와 매우 흡사하다. 하지만, 교육은 도표 3-2처럼 되는 게 바람직하다. 이제부터 교육의 핵심 요소인 학습 내용과 호기심, 관계에 대해 자세히 살펴보자.

∴ 학습 내용

학습 내용은 배움의 중심이다. 그 중요성은 결코 간과할 수 없다. 우리는 학생들이 종종 '무엇을 모르는지 모른다'는 사실을 알게 되었다. 모든 학생들에게는 반드시 터득해야 하는 배움과 익힘의 영역이 있다. 예를 들어, 어떤 아이가 읽을 줄 모른다면 배움의 깊이도 헤아릴 수 없다.

우리는 그동안 정교하게 다듬어지고, 개발되어 온 교육과정을 해체해야 한다고 말하려는 것이 아니다. 하지만, 많은 교육과정이 너무 방대하고 자세해서 개입할 여지가 거의 없다. 우리는 모든 학생들이 알기 바라는 내용에 대해 교사들이 계획적으로 접근하기를 바란다. 이런 중요한 판단을 교사들이 직접 함으로써, 배움에 이르는 과정을 알려 주고, 지적 호기심을 품게 하는 매개체로 학습 내용을 활용했으면 한다.

호기심

 어린 학생들은 타고난 호기심을 가지고 학교에 들어온다. 이들은 무엇이든 묻고 배울 준비가 되어 있다. 학생들의 호기심은 배움의 기본 요소이다. 그렇지만 현재 학교에서는 학생들이 자기 관심에 따라 무언가 해 볼 기회를 점점 잃어 가고 있다. 교사들에게 감당해야 할 교과 내용이 너무 많다 보니, 무엇을 어떻게 배울지 학생들에게 선택권을 주는 것을 꺼리게 되는 것이다.

 우리가 가르치는 것은 오래 전부터 위원회에 있는 여러 어른 집단에서 결정해 왔다. 이 어른들은 어떤 지식이 중요하고 그렇지 않은지를 판단한다. 어떤 지식이 교과서나 교육과정, 평가 기준에 속해 있으면 가르치면 된다. 그렇지 않다면 가르치지 않는다. 여기에 속하지 않는다는 것은 그 지식이 중요하지 않음을 함축하고 있다.

 우리도 콜로라도 주에서 학습 내용의 기준을 결정하는 데 참여했던 어른들이다. 나는 2009년에 콜로라도 주의 교과 기준을 개정하는 콜로라도 감독위원회에서 일했고, 애런은 같은 시기 콜로라도 과학과 표준위원회의 의장이었다. 이때 우리는 모든 분야의 교과 전문가들을 한자리에 불러 모아 이 기준을 마련하는 데 가장 중요한 것을 알려 달라고 요청했다. 문제는, 모든 전문가들이 자기 영역이 가장 중요하며, 반드시 이 기준에 포함되어야 한다고 여긴다는 점이었다. 그 결과는 종종 한 학년에서 도저히 가르칠 수 없을 만큼 방대한 학습 내용을 담아 비대해진 교육과정으로 나타났다.

그러나 수많은 학습 내용을 다양한 교육 환경에서 아무리 자세히 풀어낸다고 해도, 우리가 가르치는 내용은 세상에 존재하는 지식 가운데 극히 일부분이다. 아마도 도표 3-3의 파이 차트와 아주 흡사한 모습일 것이다.

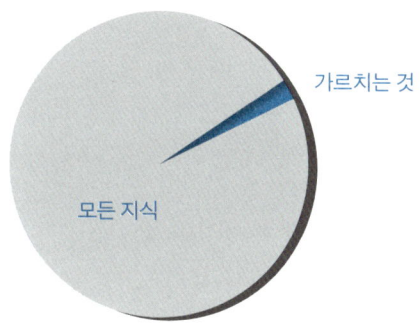

도표 3-3 우리가 가르치는 것과 알아야 할 것들

제한된 수업 시간과 정해진 교육 기준 내에서, 모든 인간의 지식 중 극히 일부분만을 선택할 수 있다면, 무엇을 배워야 할까? 교사들은 기존의 학습 분야와 자신이 관심 있는 주제, 혹은 교과 기준에 따라 가르칠 수 있다. 그러나 이와 상관없이, 학생들은 무엇을 어떻게 배워야 하는지에 대해 조언을 거의 얻지 못한다. 호기심이란 요소는 학생들에게 무엇을 어떻게 배울지 선택할 수 있게 하는 데 있다. 학생들은 스스로 열정을 쏟을 대상을 정하고, 그 주제를 탐구할 수 있다. 여기서 학생들에게 배움에 대한 모든 자율과 통제 권한을 주는 것이 최선의 선택은 아니라는 점을 주의해야 한다. 솔직히 무언가를 배울 때 스스로 어려운 과제를 선택하는 학생은 거의 없을 것이다. 하지만, 학생들이 관심 분야를 탐구할 수 있도록 배우는 시간 중 일부를 할애하는 것은 중요한 일이다.

어떤 교사들은 거꾸로배움으로 생겨난 교실 내 여유 시간으로 '천재들의 시간 Genius Hour'이나 '20%의 시간 20% time'이라 부르는 활동을 시도해 보기도 한다. 창의성을 끌어올리기 위해 고안된 이 아이디어는 기업계에서 시작되었고, 다니엘 핑크의 책 『드라이브 : 창조적인 사람들을 움직이는 자발적 동기부여의 힘』청림출판, 2011에서 다루고 있다. 사례로는 구글처럼 회사 엔지니어에게 근무 시간의 20%를 자기 프로젝트를 위해 사용할 수 있게 하는 경우도 있고, '페덱스 데이 FedEx Days'*를 실시하는 기업도 있다. 페덱스 데이에서 직원들은 업무와는 별도로 프로젝트를 진행하고, 24시간 안에 무엇이든 결과를 내놓아야 한다. 교육에서는 수업 시간의 10~20%를 학생들이 자신의 흥미를 바탕으로 프로젝트와 연구를 할 수 있도록 활용하고 있다. 학생들은 스스로 배운 것들을 다양한 방식으로 내보여야 한다. 여기서

---

* 페덱스 데이는 직원들이 일상 업무 이외에 완전히 자율적인 프로젝트를 진행하여, 자발성과 창의력을 끌어올리고, 그 결과를 회사에 내놓는 것을 말한다. 택배 회사처럼 24시간 이내에 밤샘을 해서라도 결과를 내놓아야 된다는 의미에서 이 같은 이름이 붙었다.

핵심은 학생들이 자기가 배우고 싶은 것을 골라내는 것이다. 학생들의 선택을 어떻게 유도할지는 접어 두더라도, 우리 교사들은 반드시 학생들이 스스로 선택하도록 격려하는 환경을 만들어 주는 존재가 되어야 할 것이다.

∴ 관계

학생 시절을 되돌아보면, 우리에게 가장 깊은 영향을 준 사람은 바로 우리를 돌봐 준 선생님이었다는 사실을 깨닫게 된다. 존이 고등학교 화학 교사가 된 것은 우연이 아니다. 그에게는 에디 앤더슨이라는 화학 선생님이 있었는데, 아이들과 적응을 못하고 공부만 하는 범생이 아이를 알아보았다. 선생님은 그의 멘토가 되어 화학에 열정을 갖게 해 주었다. 그 후 아이는 그 열정으로 인해 25년 경력의 교사가 되었다. 교사로 지내는 동안 대략 3,000명의 학생들과 함께 할 수 있었고, 겉도는 범생이들뿐 아니라 더 많은 아이들에게 관심을 기울였다. 에디 엔더슨 선생님은 거꾸로교실을 해 본 적이 없지만, 존의 삶에 미친 영향으로 다른 많은 이들에게 영감을 주었다. 애런도 대학에서 데이비드 존슨 교수의 지도를 받으며 이 같은 경험을 했다.

분명, 앤더슨 선생님과 존슨 교수는 존과 애론에게 지속적인 영향을 미쳤다. 그런데, 이들이 교육을 행하면서 관계를 그렇게 중요하게 다룬 이유는 무엇일까? 다른 학생들이 교실에서 교사에게 배우듯이, 어떤 학생들은 지하골방에서 컴퓨터로 위키피디아만 보면서도 똑같이 미적분을 배울 수 있지 않을까? 비록 배운 내용이 같다 해도, 학생들이 똑같은 교육 경험을 나눈 것은 아니다. 제대로 된 가르침은 근본적으로 학생들의 열정과 관심을 불타오르게 하는 인간의 상호작용이다. 학생들도 학습 내용뿐 아니라 더 많은 것을 교사들에게 얻고 싶어 한다. 학생들에게는 최고를 추구해 나가도록 격려해 주는, 열정적이면서도 세심한 전문가들이 필요한 것이다. 같은 반 친구에게 배우든, 동영상에 나오는 교사에게 배우든, 아니면 책 속의 저자에게 배우든, 학생들은 사람에게 배운다. 상황은 비슷해 보이지만 똑같지는 않다. 사람과 사람이 얼굴을 마주할 때 생기는 상호작용은, 녹화된 영상 속에 있는 사람이나 인쇄된 매체 속의 사람과의 상호작용보다 더 다면적이고 다차원적이다. 대면 상호작용은 온라인이나 인쇄 매체 혹은 고립된 환경에서는 만들어지지 않는 관계를 구축한다. 그러므로 우리는, 교사들이 학생들과 적극적인 관계를 키워 나가는 한편, 수업 시간을 활용해 대면 상호작용으로 배움을 풍부하게 하기를 권한다.

리더십 전문가인 존 맥스웰 2001은 다음과 같이 말했다. "사람들은 당신이 얼마나 많이 아는지에 관심이 없다. 당신이 얼마나 소중한 사람인지 알기 전까지는 말이다." 그렇다면, 좋은 가르침이란 단지 관계에 관한 문제일 뿐인가? 물론 아니다. 관계는 배움의 기본 요소이다. 이런 것들이 거꾸로배움과 무슨 관계가 있을까? 교사들은 학습 내용과 호기심, 그리고 관계의 맥락에서 가르쳐야 한다. 일찍이 겪어 보지 못한 더 깊고 폭넓은 배움으로 학생들을 이끌 수 있도록 말이다. 그리고 이제, 교사들은 거꾸로교실을 넘어 우리가 거꾸로배움이라고 부르는 곳으로 전환해야 한다. 다음 장에서 우리는 학습 내용과 호기심, 그리고 관계에 대해 보다 깊이 들여다볼 것이다.

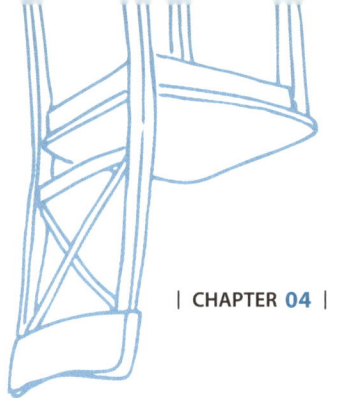

| CHAPTER 04 |

배움을 더 깊고 폭넓게 이끌기, 그리고 관계 맺기

"교육이란 학습 내용과 호기심 그리고 관계의 교차점에 있다고 정의하면 어떨까요?" 3장에서 우리는 쾌미 브라운 교수가 말한 트위터 대화에 대해 이야기했다. 여기서 언급한 요소들은 배움에서 중요하다. 우리는 이 요소들의 교차점이 구체적으로 어떻게 거꾸로배움과 연관되는지 살피고, 개념을 확장시켜 어떻게 각각의 카테고리(학습 내용, 호기심, 관계)가 학생들에게 유의미한지 설명했다. 어떤 이들은, 거꾸로배움이 그저 그간 훌륭한 교사들이 항상 해 오던 것을 재포장하고, 새로 이름만 붙인 것이라고 비난하기도 한다. 하늘 아래 새로운 것은 없다는 점에서, 어느 정도 그들이 옳을 수도 있다. 하지만 인간이 어떻게 배우는지 이해를 돕는 연구가 끊임없이 쏟아져 나오고 있으니, 우리는 위 세 요소들을 가지고 어떻게 거꾸로배움이 교사들의 가르침과 학생들의 배움을 극적으로 돕는지 정리해 보고자 한다.

우리는 각 요소들을 다음과 같이 정의했다.

- 학습 내용 : 배움을 더 깊게 이끌기
- 호기심 : 배움을 더 넓게 이끌기
- 관계 : 학생들과 연결되기

∵ 학습 내용 : 배움을 더 깊게 이끌기

블룸의 분류법은 교수학습에 관해 논의할 때 종종 사용되는 분석틀 중 하나이다. 비록 이 분류법이, 인간이 어떻게 배우는지를 이해하는 유일한 방법은 아니지만, 배움의 과정을 논의하기에 좋은 틀거리를 마련해 준다.

블룸의 분류법 개정본을 보는 한 가지 방법은 피라미드 가장 아래, 학습의 기초를 닦는 것에서 시작하여, 점차 피라미드 상위의 고차원적 사고를 요하는 능력으로 옮겨 가게 하는 것이다. 도표 4-1 피라미드로 표현한 블룸의 분류법은 하위 능력에 많은 시간을, 상위 능력에 최소한의 시간을 할애하는 방식으로 수업 시간이 배정된다는 것을 함축하고 있다. 사실, 대부분의 교실에서 이렇게 하고 있다. 교사들은 기억하기와 이해하기를 중심으로 수업 시간을 대부분 사용하고, 응용하기에는 거의 이르지 못한다. 교사들은 사고력을 요하는 상위 능력에 학생들이 도달하기를 바라지만, 분석, 평가 또는 창조하기에 배정할 시간은 거의 없다.

우리는 교사들이 만든 수업 영상이야말로 블룸의 분류법 중 가장 하위에 있는 두 단계, 즉 기억하기와 이해하기를 위한 내용 전달 도구로 가장 적합하다고 생각한다. 이렇게 되면, 교사는 소중한 수업 시간을 블룸의 분류법 상위 단계에 있는 능력을 키울 수 있는 활동에 학생들을 참여시키면서 사용할 수 있게 된다. 즉 보다 깊은 배움을 촉진시킬 수 있는 것이다.

도표 4-1 블룸의 분류법, 사람이 어떻게 배우는지 이해하는 데 유용한 틀

거꾸로교실을 더 깊이 있게 만든다는 것은 무슨 뜻일까? 교사들이 거꾸로배움을 이용해 더 깊이 나갈 때, 학생들은 주어진 주제를 깊게 파고들며 학습 내용을 좀 더 포괄적이고 철저하게 이해할 수 있게 된다. 기존 방식에서는 블룸의 분류법 맨 아래 단계에서 상위 단계로, 즉 인지 체계를 주의 깊게 쌓아 올리는 방식으로 학습 내용을 완벽히 이해시키는 데 많은 시간을 쏟아 왔다.

학생들은 정해진 진도에 따라 배우는데, 그 내용은 대부분 연방정부의 공통교육과정 목표나 주 정부 기준, 그리고 교사들의 전문가적 판단으로 결정된다. 학생들은 그렇게 배운 내용을 제대로 이해했는지, 총괄 평가를 통해 보여 주어야 한다. 거꾸로배움 모델에서 새로운 것은 학습 내용을 전달하는 방식이다. 교사들은 수업 영상을 통해 학생들이 아무 때나 수업 내용을 확인할 수 있게 하고, 거꾸로배움을 통해 더 깊게 배울 수 있게 돕는다. 거꾸로배움으로 상위 단계 학습이 가능해졌기 때문에, 학생들은 정해진 교육과정뿐 아니라 내용을 완전히 소화하는 한편, 새로운 지식을 특정한 상황에 적용할 수 있으며, 자신들의 배움의 깊이를 보여 줄 수 있는 학습 결과물을 만들어 낼 수 있게 된다.

∴ 호기심 : 배움을 더 넓게 이끌기

학습 내용을 깊게 이해하는 데 어떤 방식으로 거꾸로배움을 적용할 수 있는지 알아보았다. 이제부터는 거꾸로배움이 어떻게 호기심을 키우는 데 적용되며, 학생과 교사의 교육 경험을 넓혀 주는지 살펴보자.

더 깊이 배운다는 것과 더 넓게 배운다는 것은 어떻게 다른가? 더 깊이 배운다는 것이 학습 내용을 보다 전체적으로 철저하게 이해하는 것이라면, 더 넓게 배운다는 것은 학습 내용을 보다 폭넓게 바라보게 해 주는 것이다. 학습 내용에 대한 완벽한 이해는 학습 사이클의 시작점에서 얻어지는 것이 아니라, 의미 있는 학습 과정에서 이루어진다. 교사들은 거꾸로배움을 이용해 학생들의 호기심을 자극하고, 정해진 학습 내용에서 벗어나 새로운 시도를 가능하게 하며, 학생들에게 가르치려고 개입하기 이전에, 스스로 혼란스러운 학습 과정을 헤쳐 나갈 기회를 주게 된다. 모두 더 넓은 배움으로 가는 길이다. 배움을 더 넓게 이끌다 보면, 종종 탐구 과정에 몰입하거나 프로젝트 학습에 참여하고, 학생들이 자신의 열정을 좇아 창의력을 기를 수 있게 하는 방법이 따라온다. 그런데 이런 종류의 학습 방법을 사용하는 데 굳이 거꾸로배움을 끌어들여야 할까? 교사가 거꾸로배움의 어떤 요소도 사용하지 않고, 그냥 프로젝트 학습이나 탐구 학습을 하면 안 될까? 물론 가능하다.

그럼에도, 많은 교사들은 거꾸로배움이 일종의 다리 역할을 한다고 전한다. 학습 내용에 치중해 온 기존의 교수 방법에서 생각하고 배우는 활동에 주로 초점을 맞춘, 참여형 교육 방법으로 이어 준다는 것이다. 수업의 질이나 학습 내용의 가치를 버리지 않고도, 교사들은 학습 내용 중심, 교사 중심의 교실에서 학생 중심의 교실로 바꾸는 방법을 찾은 것이다. 학습 내용은 중요하지만 꼭 수업의 원동력이 될 필요는 없다. 거꾸로배움을 통해 프로젝트 기반 학습이나 탐구 기반 학습으로 전환하고 있는 교사들도 점차 그렇게 나아가고 있으며, 학생들이 필요할 때는 언제든 수업을 들을 수 있게 하고 있다. 이런 변화가 있기까지는 시간이 걸린다. 많은 교사들이 다음과 같은 과정을 경험해 왔다.

- 1년차 : 온라인 수업 영상 시청용 아카이브를 만든다.
- 2년차 : 각 교과과정에 해당하는 내용을 언제든 볼 수 있게 하여, 학생들이 교과과정을 자신의 속도에 맞추어 배울 수 있게 한다.
- 3년차 : 교사가 만든 프로젝트를 내주고, 적절할 때 학생들이 학습 내용을 찾아가도록 이끈다.
- 4년차 : 학생들이 스스로 문제를 내고, 프로젝트를 고안하도록 하며, 필요할 때는 이미 구축된 수업 영상 아카이브에서 원하는 학습 내용을 찾을 수 있도록 지원한다.

몇몇 교사들은 탐구 학습 과정에 수업 영상을 활용하는 방법을 찾아내기도 했다. 탐구 학습을 시작할 때, 수업 영상을 사용하여 학생들이 질문을 만들게 하고, 이에 대한 적절한 답을 찾게 했다. 혹은 탐구 학습 중반, 즉 학습 개념을 형성한 후에 수업 영상을 사용하여 배움을 강화시키거나 잘못된 개념을 바로잡는 데 활용했다. 탐구 학습은 전달식 강의를 전혀 하지 않는 것이 아니라 강의만으로 운영하는 학습 과정이 아닌 것이다.

앞서 '더 깊은' 배움에 대해 다루면서, 우리는 블룸의 분류법을 이용하여 아래에서 위로 진행되는 학습 과정 중, 거꾸로배움이 어디에 들어맞는지 이해하기 위한 분석틀로 활용하는 방안을 제시했다. 우리는 수업 시간에서 블룸의 분류법 하위 단계에 해당하는 활동을 밖으로 빼냄으로써 더 많은 수업 시간을 상위 단계 학습에 몰입하게 할 수 있음을 발견했다. 이제 '더 넓은' 배움에 대한 논의에서, 우리는 블룸의 분류법을 위에서 아래로 살펴보려고 한다. 다시 블룸의 분류법을 분석틀로 사용하지만, 이번에는 피라미드를 거꾸로 뒤집어 보자. 도표 4-2

최근 블룸의 분류법은 다양한 형태로 표현되어 왔으며, 거꾸로 뒤집은 피라미드도 그런 많은 변형태 가운데 하나이다. 이 학습 피라미드에 대한 하향식 접근법은 프로젝트 학습이나 탐구 학습 방법에서 학습 내용에 접근하는 방식이다. 학생들은 창조하기와 평가하기에 대부분의 시간을 쏟는데, 학습 내용과 관련된 어려움에 직면하면, 분류법의 하위 단계로 내려가 필요한 정보를 습득한 다음, 다시 원래 자신들의 프로젝트가 있는 상위 단계로 뛰어올라 오게 된다.

도표 4-2 거꾸로 뒤집은 블룸의 분류법

예컨대, 애런의 학생 중 한 명은 밤에도 태양 에너지를 사용하여 휴대폰 배터리를 충전하는 기계를 개발하고 싶어 했다. 이 학생은 스스로 프로젝트를 시작했고, 결국 태양 에너지를 사용하여 물을 수소와 산소로 분해할 수 있었다. 프로젝트를 수행하면서, 학생은 왜 항상 산소보다 수소가 두 배 더 많이 만들어지는지 혼란스러워 했다. 애런은 그 학생이 화학 방정식에 대한 개념을 배우면 도움이 되겠다고 판단하고, 개념을 이해할 수 있는 수업 영상 두 편을 소개해 주었다. 학생은 블룸의 분류법 상위 단계에서 프로젝트를 수행 중 막혔던 것이다. 그래서 다음 단계로 넘어가기 위해 하위 단계로 잠시 내려갔다가

적절한 지식을 얻자, 원래 자기가 하던 최상위 단계인 창조와 평가를 하는 프로젝트로 돌아왔다.

또 다른 예로, 애론의 제설차가 고장 났을 때 일이다. 애론은 고장 난 제설차의 상태를 파악하고 고쳐 보려고 했지만, 고치는 방법을 몰랐다. 어떻게 했을까? 애론은 누구나 취하는 행동을 했다. 제설차의 모델 번호를 찾아 유튜브에 입력하고, 고장 난 제설차를 어떻게 진단하고 고치는지 설명해 주는 동영상을 찾았다. 이런 방식으로 많은 사람들이 자연스럽게 배우지만, 흔히들 정해진 학습 체계가 학생들에게 더 효과적이라고 여긴다. 거꾸로배움은 다양한 방법을 통해, 학습 내용 중심 수업의 폭압에서 벗어나 프로젝트 학습과 탐구 학습의 세계로 탈출할 수 있게 해 준다. 적절하게 사용하는 직접 교수법의 가치를 완전히 버리지 않고서도 말이다. 그렇다면 이 방법에서 학생들은 어떻게 더 넓은 배움으로 나아갈까? 거꾸로배움 모델에서 프로젝트 학습과 탐구 학습은 더 넓은 맥락에서의 배움을 보충하기 위해 직접 강의에 의존하기도 한다. 이런 배움의 방식은 보다 유기적이며, 학습 내용의 가치를 부정하지 않으면서도, 학생들의 열정과 흥미를 소중히 여긴다. 또한 창조 과정이나 평가 과정 전까지 학습 내용을 완전히 이해해야 하는 것이 아니라, 배우는 과정에서 필요하면 언제든지 배울 수 있게 된다.

∵ 관계 : 학생들과 관계 맺기

　거꾸로배움은 교육론도, 교육철학도 아니다. 거꾸로배움은 학생들과 마주하는 시간을 최고로 만들기 위해 적절할 때 사용하는 유연한 기법이다. 여기서 가장 고려해야 할 점은 학생이다. 학습 내용도 물론 중요하다. 그래서 학생들이 꼭 배워야 하는 학습 내용에 깊이 파고들 수 있도록 교사들이 거꾸로배움을 채택하기를 권유한다. 우리는 모든 학생들이 미래에 필요한 지식을 쌓는 데 바탕이 되는, 다양한 과목을 탄탄하게 다지기를 바란다. 호기심 또한 중요하다. 그래서 교사들이 학생들에게 관심사를 찾게 하고, 프로젝트를 함께 하며, 탐구 학습에 참여할 기회를 만들어 주기를 권유한다. 모든 학생들은 배움과 진짜 세상과의 연관성을 파악할 수 있을 만큼, 풍부한 학습 경험을 가질 수 있어야 하며, 배우는 과정에서 선택권과 자율성도 존중 받아야 한다. 그러나 우리는 관계 맺기도 그만큼 중요하며, 배움에서 없어서는 안 될 요소라고 믿는다. 사람과 사람 사이의 관계 맺음은 배움, 그 자체만이 아니라 배움을 사회적이고 유익한 것으로 만들어 준다.

　이것이 바로 교사가 중요한 이유이다. 거꾸로배움의 환경으로 넘어오면서, 교사들은 학생 한 명 한 명과 더 많은 시간을 보낼 수 있고, 보다 끈끈한 관계를 키워 나갈 수 있다. 이런 관계는 학생들의 삶에 지속적으로 영향을 미친다. 최근에 우리는 정책 입안자들 모임에서 거꾸로교실에 관한 특강을 요청받았다. 발표를 마치자, 한 의원이 거꾸로교실 모델이면 학급 당 학생 수가 더 늘어도 되지 않겠느냐고 물었다. 기본 강의를 대부분 수업 영상으로 하니까 수업이 훨씬 수월해질 테고, 그러면 정규 교사들의 학급 관리 필요성도 줄어들지 않겠느냐는 이야기였다. 솔직히 말하면, 이 말에 두려운 마음마저 들었다. 우리는 단호하게 대답했다. "절대 아닙니다." 거꾸로교실과 거꾸로배움에서 핵심은 교사와 학생의 관계를 최고 수준으로 만드는 것이다. 학생 수를 늘리면 교사가 개별 학생들과 소통할 수 있는 시간이 줄어들 뿐이다.

∴ 왜 수업 영상에서도 관계가 중요한가

우리는 교사가 직접 만든 수업 영상 대신 다른 사람이 만든 영상을 사용해도 되느냐는 질문을 자주 받는다. 우리가 처음 수업 영상을 만들었을 때는 직접 다 했다. 무료 온라인 화학 수업 영상이 거의 없었기 때문에 그럴 수밖에 없었다. 그때가 2007년이다. 지금은 훌륭한 교사들이 만든 무료 수업 영상이 수없이 많다. 그럼에도 왜 교사들이 직접 수업 영상을 만들어야 할까? 우리는 일반적으로 이런 논의를 크리에이션 creation 대 큐레이션 curation*의 맥락에서 파악하고, 두 개념을 서로 연속된 것으로 여긴다. 도표 4-3

큐레이션 100%   크리에이션 100%

도표 4-3 크리에이션 대 큐레이터 연장선상에서 최적의 위치

    많은 학생들이 교사가 직접 만든 수업 영상을 다른 사람들이 만든 것보다 더 좋다고 이야기한다. 교사들도 직접 만드는 것이 더 좋다고 말하고 있다. 텍사스의 화학 교사 브렛 윌리는 거꾸로교실 시작 초기, 우리가 만든 수업 영상을 수업에서 사용했다. 그리고 나서 차츰 수업 영상을 만들어 나갔다. 우리는 서로 이야기를 나눴는데, 그는 다음과 같이 말했다. "존과 애론이 만든 수업 영상이 제가 만든 것보다 나아요. 하지만 우리 학생들은 제가 만든 걸 더 좋아해요. 제가 그 아이들 선생님이기 때문이래요." 브렛의 이야기는 우리가 늘 듣는 이야기들과 일맥상통했다. 우리가 생각하는 가장 좋은 지점은 그림에 표시된 최적의 위치이다. 최근에는 한 동료가 우리에게 이런 이야기도 해 주었다. "선생님이 수업 영상을 만드는 건, 학생들과 일종의 사회적 계약을 맺는 겁니다. 즉, 학습 내용을 배우려는 학생들의 노력에 대한 대가로 수업 영상을 교환하는 거죠."

* 다른 사람이 만들어 놓은 콘텐츠를 목적에 따라 분류하고 배포하는 일.

교사와 학생의 관계는 정말 중요하다. 학생들은 학습 내용뿐 아니라 사람과도 관계를 맺는다. 만약 어떤 학생이 한 교사에게 감동을 받았고, 그 교사가 셰익스피어를 좋아한다면, 그 학생도 셰익스피어를 더 좋아하게 되는 경향이 있다. 학생들과 맺는 관계야말로 훌륭한 수업의 핵심이다.

∵ 함께 이루자

교사들은 거꾸로교실 기본형을 넘어 거꾸로배움으로 옮겨 가는 동안, 더 깊고 더 넓은 배움에 집중함으로써 자신들의 수업 방식을 엄청나게 변화시킬 수 있다는 사실을 알게 된다. 교사는 학생들을 더 깊게 이끌 수도 있고, 더 넓게 이끌 수도 있는데, 이 모든 일은 교사와 학생이 맺는 관계 속에서 일어난다. 다음 장에서 여러분들은 거꾸로교실 기본형을 거쳐 더 좋은 무언가로 나아간 교사들의 경험담을 읽게 될 것이다. 어떤 교사들은 더 깊은 배움에 대해 보다 많은 이야기를 하고, 또 어떤 교사들은 더 넓은 배움으로 이끄는 이야기를 더 많이 한다. 또 다른 교사들은 배움의 관계적 측면에 더욱 초점을 맞추기도 한다. 하지만 모두 학습 내용과 호기심 그리고 관계의 교차점에 다가서려는 공통된 주제를 나눈다. 이들은 거꾸로교실 기본형을 거쳐 거꾸로배움으로 옮겨 감으로써 그 지점에 이르렀다.

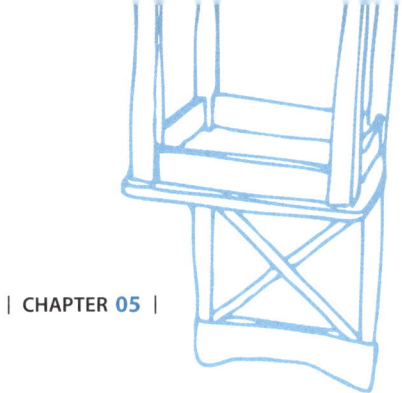

| CHAPTER 05 |

학생 중심 수업으로 더 깊어진 배움

크리스탈 컬취 이야기

크리스탈 컬취는 캘리포니아 주 산타아나에 있는 세걸스트롬 고등학교 수학 교사이다. 많은 사람들이 즐겨 찾는 블로그를 운영하면서 거꾸로배움 커뮤니티와 연결되었다. 그녀는 경제적으로 낙후된 지역에 있는 학교에 근무하면서 겪은 성공과 실패 수업 사례를 블로그에 있는 그대로 기록해 놓았다. 거꾸로교실의 접근법에 대해 정말 할 이야기가 많던 그녀는 결국 블로그에 거꾸로배움에 대해 올리기 시작했다. 크리스탈은 학생들이 수업 영상을 활용하는 유용한 방법을 개발한 것으로 아주 유명하다. 그녀가 개발한 '보기-요약하기-질문하기(Watch-Summerize-Question:WSQ 위스크)' 방법은 전 세계적으로 많은 사람들이 받아들이고 적용하여, 거꾸로배움 문화의 한부분이 되었다. 크리스탈은 이 장에서 위스크 기술에 대해 설명할 것이다.

그냥 한번 상상해 보자. 교사 한 명에 학생 40명. 학습 활동은 잘 짜 놓았지만 망쳐 버렸다. 학생들은 집에서 과제를 풀다가 혼란과 짜증, 절망에 빠졌다. 단원의 핵심을 이해한 학생도 있지만, 대부분은 그렇지 않았다. 그래도 이튿날이면 학생들이 전날 배운 내용을 완전히 이해하고 학교에 와서 다음 수업으로 넘어갈 준비가 되어 있기를 기대한다.

내 일상을 너무도 정확하게 묘사한 글이다. 2011년 어느 가을 날, 갑자기 이 장면이 머릿속에 떠올랐다. 혼자서 분을 이기지 못한 채 생각했다. 수업 종소리에 맞추어 사는 것이 지긋지긋하다고. 모든 학생들을 똑같은 속도로 배우라고 강요하는 것도 피곤하다고. 진도를 빼야 한다는 이유로, 학생들에게 자신이 배우고 있는 것이 어떻게 세상과 연계되어 있는지 더 깊은 의미를 알아볼 기회를 주지 못한 채 허겁지겁 내달리는 일에도 신물이 났다. 어떤 때는 집중하고 또 어떤 때는 완전히 멍 때리고 있는 학생들에게 나를 보라고 강요하는 것도 지쳤다. 상위권 학생들에게 더 큰 자극은 주지 않으면서 뒤떨어지는 학생들도 돌보지 않고, 그냥 중간 수준에 맞춰 가르치는 것도 그렇다. 숟가락으로 떠먹여 주기를 바라고 시험 때가 되면 그걸 되뱉어 내듯

하는 수동적인 학생들도 지겹다. 이 모든 것이 지긋지긋하다. 나는 학생들이 자신들의 배움에 적극적으로 임하며 열정이 되살아나는 모습을 보고 싶었다. 그러나 어찌해야 할지 몰랐다.

그날 저녁 나는 수업 영상을 만들었다. 5분이란 짧은 시간 동안, 그날 수업 활동에서 전달하려다 실패했던 개념을 설명했다. 학교의 동영상 사이트 SchoolTube에 수업 영상을 올리고, 우리 수업 사이트인 에드모도 Edmodo에 URL 링크를 전송했다. 그러면서 학생들이 과제할 때 느끼는 스트레스와 좌절감을 덜어 줄 수 있기를 기대했다.

나는 이 작은 첫걸음이 내 교실뿐 아니라 내 교육철학과 사고방식 전체를 뒤바꿀 엄청난 전환점이 될 것이라고는 생각도 못했다. 이 첫걸음은 나를 더 큰 질문으로 이끌었다. 왜 나는 학생들과 함께 할 수 있는 유일한 기회인 수업 시간을 학습 내용만 전달하려고 애쓰며 허비했을까? 왜 수업 시간의 대부분을 아주 기초적인 능력인 학습 내용 기억과 이해에 소모하며, 응용, 분석, 평가 또는 창의력을 키우는 데에는 소홀했을까? 머릿속이 복잡해졌다.

나는 또 다른 수업 영상을 만들었다. 이번에는 의도적인 목표도 있었다. 학생들은 집으로 돌아가 다음 수업에서 무엇을 할지를 소개하는 영상을 보게 되었다. 학생들의 반응은 아주 좋았고, 나는 영상을 수업 도구로 사용하는 정보를 계속 찾았다. 찾다 보니, 내가 우연히 접하게 된 수업 모델을 수백 명의 다른 교사들이 시도하고 있었다는 사실을 알게 되었다. 많은 시행착오와 교사와 학생 간의 수없는 토론과 피드백, 그리고 매일같이 새로운 방식의 교수학습 방법에 대해 성찰하며, 나는 거꾸로교실이라고 알려진 수업 방식으로 다가가고 있었다. 그러나 여기서 끝나지 않았다. 나는 우리 교실을 더 깊은 배움에 이르게 하고, 학생들이 고차원적으로 사고하는 한편, 능동적으로 수동적이기 보다 수업에 참여할 수 있도록 바꾸기 위해, 끊임없이 교육 방법을 바꾸고 조율해 갔다. 거꾸로교실에서 거꾸로배움으로 전환을 이룬 것이다.

∵ 나의 학생들

나는 수준이 다른 두 학급에서 수학을 가르치고 있다. 우리 학교 학생 가운데 71.7%는 저소득층이어서 대부분 가정에서 인터넷 접속이나 다른 기술의 혜택을 받지 못하는 형편이다. 기초 수학 우등반 과정은 상급 미적분을 배워서 4년제 대학에 입학하고자 하는 11학년(고2)과 12학년(고3) 학생들로 이루어져 있다. 이 학생들은 어떻게 하면 좋은 성적을 받을지 알고 있지만 실제로 심화 학습을 할 기회가 없었다. 반면 대수학 I 과정에는 수학을 아주 힘들어하는 9학년(중3)과 10학년(고1) 학생들이 있는데, 대부분 두세 번씩 재수강을 한다. 이들은 수학의 기초 개념조차 이해하기 어려워할 뿐 아니라 자신감이 없어 학습이 힘들 때 버텨 내는 것도 쉽지 않았다. 두 학급에는 이런 큰 차이가 있었지만 거꾸로교실이 필요한 이유는 비슷했다.

∵ 거꾸로교실을 하기 전에는

　나는 왜 수업에 참여하는 학생들의 수준이나 이들이 보여 주는 배움에 대한 주인의식에 온전히 만족하지 못하는지 곰곰이 생각했다. 어느 한 수업을 잘 못해서 그런 게 아니다. 수년간 학생 참여를 높일 수 있는 동기 부여 방법을 찾았고, 새로운 수업 전략을 배우기 위해 워크숍에 참여하며, 학생들에게 무언가 먹힐 방법을 찾아 애썼다. 하지만 수업에 대해 만족스럽지 않은 마음은 계속 커져 갔다. 내 수업에서는 분명 배움이 일어나고 있었지만 동시에, 그보다 더 좋은 길이 있을 것이라는 확신도 들었다. 좀 더 깊이 있고 좀 더 재미있는 무엇, 진짜 깊은 배움을 위해 좀 더 효과적이면서도 우리 학생들을 배움에 푹 빠지게 해 줄 그 무엇이 말이다.

　나는 내 수업 구조가 학생들에게 가장 중요한 것을 놓치고 있다는 것을 깨달았다. 세 가지 핵심 사항이 가장 도드라졌다.

1. 내 수업은 교사 중심이었다. 학생들은 모두 똑같은 방법으로 배웠다. 나는 개별 학생들을 위해 수업을 차별화하지 않았다.
2. 내 수업은 더 깊은 배움을 키워 주지 않았다. 기계적인 암기를 넘어서지 못

했고, 관련성을 찾거나 탐구 활동, 고차원적 사고를 필요로 하는 활동에는 시간을 할애하지 않았다.
3. 내 수업은 수동적인 학습자들로 가득 차 있었다. 나는 일상에서 학생들이 능동적인 학습자가 될 수 있는 환경을 만들어 주지 않고 있었다.

• 교사 중심

54분이라는 기존의 수업 틀에서, 수업 시간은 교사의 주도로, 매우 교사 중심적으로 이루어졌다. 학생들에게 무엇이 필요할지, 이들이 어떤 것을 궁금해할지, 가장 흥미로워할 만한 단원은 어디일지, 모두 내 생각에 달려 있었다. 나는 수업을 좀 더 학생 중심적으로 만들고 싶었지만, 학생들이 실제로 생각하고, 쓰고, 소통하고, 읽고, 듣고, 말하는 활동TWIRLS, Thinking, Writing, Interacting, Reading, Listening, and Speaking을 수업 시간에 하기에는 늘 시간이 부족했다.

몇 해 전 나는, 영어를 제2모국어로 사용하는 학생들이 기존의 주입식 수업에서 겪는 언어적 어려움을 덜어 주기 위해 고안된 수업 방법인 피어슨 SIOP Sheltered Instruction Observation Protocol 워크숍에서 처음 'TWRLS'라는 용어를 들었다. 동료들과 수차례 토론을 거친 후, 나는 소통이란 의미의 'I'를 첨가했다. TWIRLS는 내가 우리 학생들이 날마다 했으면 하는 것들을 명확하게 제시하고 있었다. 나는 문득 내 수업에서 TWIRLS가 많이 이루어져 왔음을 깨달았다. 그러나 그 주체는 학생들이 아니라 바로 나였다.

생각하기Thinking 수업에서 가장 많이 생각하는 사람은 바로 나였다. 학생들은 편안하게 앉아서 내 마술을 지켜보다가 필요할 때면 참여했지만, 아주 수동적이었다.

쓰기Writing 많은 노력을 했지만, 수학 수업에서 학생들이 일관 되게 쓸 기회를 찾을 수는 없었다.

소통Interacting 학생들에게는 소통할 수 있는 기회가 있었지만 대부분 형식적이거나 아주 최소한만 이루어졌다. 학생들은 참여할 의무가 없었다.

읽기Reading 내 수학 수업에 읽기란 존재하지 않았다.

듣기Listening 학생들은 듣고 있었다. 그러나 내 말만 들을 뿐, 또래에게는 아니었다.

말하기Speaking 말하기와 학문 언어 연습은 교사의 지시에 따르거나 억지로, 혹은 산발적으로 이루어졌다. 학생들의 관심이나 창의성에 따라 이루어지지는 않았다.

여전히 전체 배움 공간에는 전달식 강의 요소가 남아 있었기 때문에, 수업 시간에 개별 학생에게 집중하거나 수업 후에 학생들이 필요로 하는 것을 해 줄 시간이 충분하지 않았다. 학생들은 TWIRLS 활동을 보여 줄 수 없었을 뿐 아니라 수업에서 토론도, 질문도, 소통도 하지 못했다.

- 겉핥기식 학습

학생들은 진짜 깊은 배움에 도달하지 못했다. 우리는 매일같이 수업 벨소리에 맞춰 움직였고, 진도를 많이 나갈 수 있었다. 그러나 그건 학생들이 필기를 하거나 별다른 책임 없이 형식적으로 학습 관련 대화에 참여하고, 혼자 연습 문제를 풀면서 이루어진 것이다. 이런 활동 가운데 어느 것도 우리 학생들을 깊은 배움으로 이끌지는 못했다. 전체 학습 공간에서 블룸의 분류법 중 맨 밑에 있던 기억하기와 이해하기에 집중할 뿐, 응용, 분석, 평가 그리고 창조하기 같은 상위 단계 활동에는 거의 시간을 할애하지 않았다. 심지어 이와 같은 활동을 시도하는 경우에도, 수업 시간 이외에 학생이 혼자 고심하며 해야 했다. 학생들은 연산과 풀이 과정을 기계적으로 암기하는 데에는 도가 터 있었다. 하지만 수업은 학생들이 다양한 개념과 과목 사이를 가로지르며 연관성을 찾는 능력을 키울 수 없는 구조였다.

거꾸로교실은 수학을 그냥 풀게 만들어 준 것이 아니라, 실제로 이해하게 해 주었어요. 어떤 학생들은 수학 문제를 푸는 방법을 배우고 공식을 외우지만, 그 주제를 완전하게 이해하려 들지 않아요. 거꾸로교실은 단지 지식을 얻는 것이 아니라, 들은 지식을 이해하고 응용하는 쪽으로 배움의 경계를 넓혀 주었어요.

— 케일런, 11학년(고2) 수학반 학생

• **수동적인 학습자들**

우리 반은 아주 똑똑하지만, 매우 수동적인 학습자들로 가득 차 있었다. 그동안 나는 배움의 모든 책임이 내게 있다고 여기고는, 학생들에게 스스로의 배움에 대해 책임지게 하지 않았다는 사실을 깨달았다. 수업 시간은 아주 자잘한 관리로 쓸데없이 바빴고, 질문과 성찰이 결여되어 있었다. 학생들이 54분 동안 책상에 앉아서 수동적으로 수업에 집중해야 하는 환경을 만들어 온 것이다. 학생들은 시험을 충분히 통과할 수 있었지만, 배움에서 스스로 주인이 되어야 할 아무런 동기도 찾지 못한 채 수동적인 학습자, 숟가락으로 떠먹여 주어야 하는 존재가 되었다.

∵ 거꾸로교실 그 후

거꾸로배움에 대해 계속 알아 가는 동안, 항상 원했지만 절대로 될 것 같지 않았던 교실 환경을 만들 수 있도록, 가르침과 배움에 대한 내 사고방식을 바꾸어야 한다는 것을 깨달았다.

나는 이런 질문을 던지면서 시작했다. '만약에 이렇다면' '만약에 이렇다면'….

- 전달식 강의를 모두 전체 학습 공간 밖으로 빼 버린다면? 내가 수업 영상을 만들면 학생들은 필요할 때면 언제나 자기 속도에 맞추어 볼 수 있다는 것을 깨달았다.
- 학생들과 마주하는 54분의 쓰임과 목적을 뒤집는다면? 그래서 학생들이 더 깊은 배움을 위해 나를 가장 필요로 할 때, 내가 지원하고 안내한다면?
- 전체 학습 공간을 구분해서, 개별 학생들의 요구를 충족시킬 수 있다면?

수업 시간을 좀 더 즐겁고, 효과적이며, 매력 있게 만들겠다는 궁극적인 목표를 가지고, 나는 거꾸로배움에 온 힘을 쏟아부었다. 나는 내 수업이 교사 중심에서 학생 중심으로, 피상적 사고에서 보다 깊은 사고로, 그리고 수동적인 학습자를 능동적인 학습자로 키우는 수업으로 바뀌기를 원했다.

- **학습자 중심으로**

　교실은 학습자 중심이 되었고, 거기서 학생들이 교사가 아니라 TWIRLS를 보여 주었다. 알린이란 여학생은 날마다 수업에 아주 좋은 질문을 준비해 왔다. 공부하는 동안 어려운 내용을 사고하면서, 다른 학생들과 소통해야 했기 때문에, 알린은 수업 시간을 정말 즐거워했다. 알린에게는 TWIRLS 중 'I' 즉, 소통과 'T' 생각하기가 가장 도움이 되었다.

　거꾸로교실에서는 대화를 통해서 다른 학생들과 소통하지 않는 날이 단 하루도 없어요. 어떤 개념을 이해했다는 생각이 들면, 진짜 이해를 했는지 다음날 바로 시험에 들게 되죠. 그 개념을 이해하지 못한 학생이 수업에 있을 수 있기 때문이에요. 모든 사람이 동시에 같은 속도로 수학 개념을 이해할 수 있는 것은 아니니까, 어떤 학생이 그 개념을 이해했다고 해도, 다른 학생들은 못했을 수도 있고, 그러면 이해 못한 학생들은 자기 모둠원들에게 도움을 청할 거예요. 서로 도움을 주고받는 대화에서, 우리는 질문을 하는 사람이 될 수도, 혹은 다른 학생을 가르치는 사람이 될 수도 있는 거죠.

― 세이라, 11학년(고2), 수학반 학생

• **더 깊은 배움**

나는 이제 학생들이 분석하고, 적용하며, 평가하고, 창조하는 데 있어서, 더 높은 수준으로 생각을 연결할 수 있는 능력을 키워 주려고 하고 있다. 학생들은 수학에서 배운 여러 개념들을 서로 연결하거나 과학이나 역사 같은 다른 과목과의 관련성을 찾아내고 있다. 게다가 수업 시간은 탐구 방식으로 개념을 연구하고 발견하도록 열려 있다. 예컨대, 단위원_{반지름이 1인 원}을 배울 때, 나는 수업 영상에서조차 학생들에게 그 과정을 숟가락으로 떠먹여 주듯 하지 않았다. 대신, 학생들은 단위원에 대해 알기 위해 이미 알고 있던 직각삼각형과 삼각법 관련 지식을 총동원했다. 단위원은 그냥 외운 지식 이상의 의미를 가지게 되었고, 학생들은 모든 삼각법 관련 개념 속에 있는 관련성을 알 수 있었다.

저는 거꾸로교실이 만든 모두가 '함께 하는' 환경이 좋아요. 이건 그냥 우리 학생들이 배움에 참여하게 만들거든요.

— 벤, 12학년(고3) 수학반 학생

• **능동적인 학습자들**

내 수업은 수동적인 학습자보다는 능동적인 학습자로 가득 찼다.

학생들은 스스로의 배움을 책임지며, 탐구하고 연결 짓고 질문까지 할 수 있었다. 이런 분위기는 우리 교실 문화를 바꾸어 놓았다. 마이클이라는 학생은 수동적인 학습자로 맘 편하게 수업에 참여해 왔다. 처음에는 새로운 방식을 힘들어했지만 두 달쯤 지나자, 마이클은 수학에 열정을 가지고 모둠 토론을 주도해 나갔다.

  기존 교실에서 학생들은 선생님과 함께 하는 소중한 수업 시간을 소통이 아니라 그저 듣는 데 사용하죠. 거꾸로교실은 선생님한테 맞춰져 있던 초점을 학생들에게 향하도록 뒤집어 버렸어요. 저는 거꾸로교실이 실제로 연습하고, 새로운 개념을 배우며, 나중에는 완전히 터득할 수 있도록 많은 시간을 학생들에게 주었다고 믿어요. 저는 거꾸로교실에서 선생님한테 더 많은 관심을 받았어요. 이전에는 수업 시간에 말로 표현하기가 너무 두려워서, 질문을 하려면 수업이 끝날 때까지 기다렸는데, 이제는 수업 시간 45-50분 모두를 선생님뿐 아니라 친구들에게도 도움을 받을 수 있게 된 거죠. 거꾸로교실은 제게 수학뿐 아니라 삶의 교훈을 가르쳐 주었어요. 한 해 동안, 저는 제 시간을 보다 효율적으로 관리하는 방법을 배웠어요. 할 수 있는 게 훨씬 많은데도 그저 최소한의 것에 안주하지 않고, 그걸 뛰어넘어 그 이상을 해 나가기 위해서요.

— 케일린, 11학년(고2) 수학반 학생

∵ 위스크 : 보고 요약하고 질문하기 기법

처음 거꾸로교실을 시작했을 때, 학생들은 수업 영상을 보긴 했지만 꼭 그 속에서 배우고 있지는 않았다. 학생들은 재미로 영상을 볼 줄은 알았지만 교육적으로 보는 방법은 모르고 있었다. 나는 수업 시간의 학습 목표를 달성할 수 있도록 수업 영상을 보는 더 나은 방법을 찾아야 했다. 그래서 일반적으로 위스크WSQ로 알려진 보기-요약하기-질문하기Watch-Summarize-Question 방법을 개발했다. 위스크는 학생들이 수업 영상을 좀 더 적극적으로 보고 배우는 데 도움을 주었다. 더불어 수업 시간을 구조화하여 학생 중심으로 깊은 배움에 몰입하고, 보다 적극적으로 참여할 수 있게 수업을 여는 데 보탬이 되었다. 위스크 기법의 목적과 좀 더 자세한 사례들은 내 블로그http://flippingwithkirch.blogspot.com/wsqing.html에서 찾아 볼 수 있다.

> 집에서 하는 과제가 지루한 일과가 아닌 배움으로 느껴져요.
> — 브라이언, 12학년(고3) 수학반 학생

학생들을 위한 위스크 과정은 다음과 같다.

보기Watch 학생들에게 수업 영상을 제공한다. 강의를 보거나 공부하는 동안 미리 만들어 놓은 학습지에 필기한다.도표 5-1 학생들은 필요에 따라 강의를 멈추거나 돌려보거나 다시 볼 수 있어서, 모둠 학습을 하기 전에 핵심을 파악할 수 있다.

요약하기 Summarize 학생들이 수업 영상을 본 뒤, 배운 것을 글로 간추리게 한다. 요약하기는 학생들이 배운 것을 오래 기억하게 도와줄 뿐 아니라 학문적 언어 사용 능력을 향상하는 데 보탬이 된다. 처음 요약하기를 시도했을 때, 많은 학생들에게 좀 더 체계적인 지도가 필요하다는 것을 깨달았다. 지금은 학생들에게 수업 영상을 보고 배운 것에 대해서 차례로 잘 생각할 수 있도록 이끄는 질문이나 문장 채우기를 하고 있다. 도표 5-2

도표 5-1 안내 필기장 예

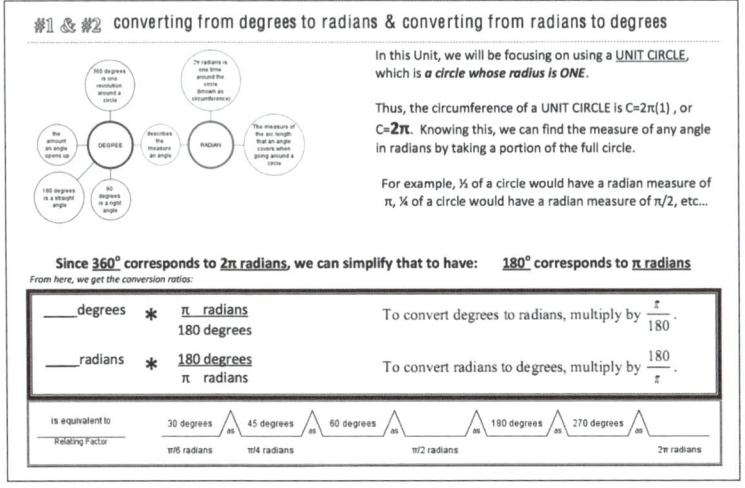

도표 5-2 안내 질문의 예

요약 질문

| 개념 ❶ |

1. 다항식에서 최고차항의 계수를 어떻게 찾을 수 있습니까?

 "최고차항의 계수는 _____ 으로 찾을 수 있다."

2. 다항식의 기본 형식은?

 "다항식의 기본 형식은 _____ 을 의미한다."

3. '계수'의 4가지 조건은 무엇입니까?

 "계수를 위한 4가지 조건은 _____ 이다."

4. '차수'를 위한 6가지 조건은 무엇입니까? 만약 가장 큰 지수가 6 이상일 때 어떤 일이 생길까요?

 "차수의 6가지 조건은 _____ 이다."

 "만약 6 이상이면, _____ 이라고 한다."

| 개념 ❷ |

1. 괄호와 괄호 사이에 음수를 나타내는 '–' 표시가 있을 때 어떻게 해야 하나요?

 "괄호 앞에 음수 표시가 있을 경우, _____ 한다."

2. 이 문제를 색깔로 어떻게 나타내는지 알고 있습니까?

3. 어떤 순서로 답을 작성할까요?

4. 5x^4-3x^2-3x를 올바른 문장으로 풀어쓰시오.(문장 형태의 예시는 SSS에서 찾아보시오.)

| 개념 ❸ ❹ |

1. 어떤 면에서 '박스' 계산법이 단순한 '분배법칙계산법'이나 '첫숫자, 바깥숫

자, 안의숫자, 그리고 마지막 숫자' 순서로 계산하는 방법보다 더 나은가요?
"박스 계산법이 더 좋은 방법입니다. 왜냐하면 _____."

2. 곱셈을 할 때, 계수를 _____ 하고, 지수를 _____ 합니다.
 (빈칸을 채워 문장을 완성하시오.)

3. 컬취 선생님이 여러분에게 "1x3 표나 2x2 표를 그리시오."라고 할 때 무엇을 하라는 뜻입니까?

4. "이항식의 제곱근"은 무엇이며, 이를 정확하게 풀기 위해서는 어떻게 해야 하나요?

| 개념 ❺ |

1. 수업 영상에서 컬취 선생님은 어떤 실수를 했나요? 선생님이 잘못 말한 것은 무엇인요? 그 실수 대신 선생님은 어떻게 했어야 할까요?

2. 모두 합하려면 어떻게 해야 할까요?

3. 박스 계산법에서 우리가 박스에 있는 수를 합치는 것에 대해 주목한 '일반적인 패턴'은 무엇인가요?

4. 이 단원에서 배운 문장 형태로 문제 61번의 답을 적으시오.

질문하기 Question 요약을 마친 후 학생들은 수업 영상을 보면서 이해하지 못한 부분이나 모둠 토론에서 다루면 좋을 개념에 대해 높은 수준의 질문을 표시한다. 혹은 수업 영상에 나온 것과 비슷한 연습 문제를 스스로 만들기도 한다. 학생들은 공책 밑에 질문이나 문제를 바로 적어, 다음날 수업에서 쉽게 찾을 수 있다. 여기서 나온 질문들로 나는 수업 시간에 토론을 끌어낸다. 학생들이 만든 연습 문제는 별도의 연습이나 심화 학습이 필요한 학생들에게 도전해 보도록 활용한다.

∴ 위스크를 모둠 학습에서 사용하기

모둠 학습을 할 때, 잘 짜인 여러 활동을 첨가하면 배움을 심화하는 데 도움이 된다. 이런 활동들 가운데 모둠 토론과 연습 시간 두 가지 활동을 살펴보자.

- 잘 짜인 소모둠 토론

위스크 수다WSQ chat라고 부르는 '말하기 시간'의 목적은 학생마다 TWIRLS를 보여 줄 기회를 주고, 수업 영상을 보며 생긴 혼란과 오개념들을 명확히 하며, 직접 하는 활동을 통해 더 깊이 이해하도록 하는 데 있다. 위스크 수다를 통해 나는 모두에게 간단한 수업이 필요한지, 아니면 수업 영상에서 제대로 다루지 못한 부분으로 다시 돌아갈지 쉽게 알려 줄 수 있다. 나는 학생들이 수업 전날 구글 폼으로 작성한 위스크 응답도표 5-3에서 질문과 요구를 받아, 다양하게 위스크 수다를 구성한다. 모둠 토론에서 학생들이 참여할 수 있는 새로운 방법들을 고안하는 것이 어려웠는데, 이따금 토론의 구조를 바꾸지 않으면 학생들이 위스크 수다에 지쳐 버린다는 사실을 알아챘기 때문이다.

도표 5-3 일반적인 구글 폼

'요약' 질문

다음 질문에 완전한 문장으로 자세히 답하시오. 이 질문들은 단원에서 가장 중요한 부분을 묻고 있다는 점에 주목하세요. 아래 질문에 답하기 어려우면, 수업 영상으로 되돌아가 다시 시청하세요.

1. 직접대입법이란 무엇인가?

2. 직접대입법을 사용할 때 나올 수 있는 4가지 종류의 답은 무엇이며, 그것이 의미하거나 가리키는 것은 무엇인가?

3. 부정형이란 무엇이며 무슨 뜻인가?

- 소모둠 연습 시간

수학 수업에는 학생들이 문제를 풀 수 있는 연습 시간이 필요하다. 나는 위스크 구글 폼에서 데이터를 모으면서, 개별 학생들에게 필요한 것을 판단할 수 있었다. 어떤 학생들은 또래 모둠에 배치되었다. 이 학생들은 함께 공부할 준비가 되어 있고, 수업 목표를 수행할 수 있었다. 또 어떤 학생들은 다시 가르쳐야 했다. 교실에는 평균 40명의 학생들이 있는데, 대개 5~8명은 다시 배워야 했다. 이 학생들은 개별적으로 도움을 받는다. 나는 수업 내용을 새롭고 참신한 방법으로 제공해 주었다. 거꾸로배움이 아주 성공적이었던 이유 가운데 하나는 학생들이 필요할 때, 바로 도움을 받을 수 있었기 때문이다.

∵ 평가

나는 여전히 단원 평가를 본다. 학생들은 단원 내용을 완전히 이해할 때까지 필요한 만큼 여러 차례 시험을 볼 수 있다. 여러 차례 형성 평가를 치르고 나면, 대개 학생들은 총괄 평가에서 한 번에 통과한다. 학생들은 학습한 내용을 완전히 이해했다는 것을 보여 줄 준비가 되었을 때, 총괄 평가를 보는데, 시험 시기는 학생마다 다르다. 내가 사용하는 형성 평가 방법은 다음과 같다.

- 각 개념에 대한 간단한 쪽지 시험
- 학생이 만든 문제들. 학생들은 자기가 생각하는 과정을 말로 설명하는 짧은 동영상을 만든다.
- 다른 학생들이 만든 문제에서 실수를 찾아 분석하기
- 단원 전체를 아우르는 핵심 질문에 답하기
- 수학 개념과 관련된 실생활을 연결하여 설명하기

- 핵심 개념에 대해 스스로 이해하도록 해 주는 탐구 활동

간단한 쪽지 시험을 제외하고, 학생들은 자기 블로그에 형성 평가 과제를 올린다. 거기에 학생들은 반드시 글로 자기가 배운 내용을 반영해야 한다. 대부분 개념이나 활동에 대한 형성 평가는 한 종류를 사용한다. 각 개념을 평가하는 다양한 방법을 마련하여 학생들이 직접 선택할 수 있다면 이상적일 것이다.

교실의 변화

거꾸로배움 모델로 바꾼 것은 내 수업을 의미심장하게 만들어 놓았다. 수업은 이제 학생들이 배우고 소통하고 스스로 도전할 수 있는 즐거운 장이 되었다. 또한 수업은 학생들의 일상적인 요구를 해결해 나가는 참여의 공간이기도 했다. 학생들은 처음부터 모든 것을 제대로 해야 한다는 부담을 갖지 않는다. 수업은 날마다 깊은 배움이 일어나는 곳이며, 학생의 배움을 증진시켜 주는 효과적인 공간이 되었다.

만약 세 문구로 바뀐 교실을 표현한다면, 수년 전 내가 목표로 삼아 이루고자 무던히도 애쓴 내용과 똑같을 것이다. 학습자 중심의 환경, 깊은 배움과 고차원적 사고를 할 수 있는 곳, 그리고 능동적인 학습자들의 공동체. 해마다 한 무리의 새로운 학생들이 새로운 사고방

식을 접하지만, 내가 교실에 구축해 놓은 방법은 학생들을 더 빨리 참여시키고, 학생들의 어려움을 해소하는 데 도움이 되었다.

∴ 예상치 못한 성공

거꾸로배움을 채택해서 얻은 성과는 대부분 내가 바라거나 의도한 것들이지만 뜻밖의 결과도 있었다.

첫째로, 교실은 모든 학생들과 개별적인 관계를 맺을 수 있는 학습자 공동체로 바뀌었다. 수업 구조 덕분에 날마다 학생 한 명 한 명과 이야기를 나눌 수 있다. 이전에도 나와 학생들은 좋은 관계였지만 이제 나는 개별 학생들과 좀 더 깊이 있고 의미 있는 관계를 맺고 있다.

둘째로, 나는 경이로운 교사 공동체에 참여할 수 있게 되었다. 여기 교사들은 모두 교실 속 배움에 변화를 주어, 배움을 더 깊이 있게 만들 수 있는 방법을 모색해 왔다. 나는 거꾸로교실 공동체를 블로그와 트위터, 그리고 다른 소셜미디어를 통해서 발견했다. 이 중 거꾸로배움네트워크 http://flippedclassroom.org 와 몇몇 에드모도 Edmodo, 학습관리시스템의 일종 교사 모임은 아주 훌륭하다. 개인적인 학습 네트워크는 나를 비롯한 우리 학생들이 수학을 좀 더 깊게 이해할 수 있도록 성찰하고, 살피고, 질문하고, 탐구하고, 도전하는 데 도움이 되었다.

왜 거꾸로배움인가

우리 학생들은 자신의 교육에서 적극적인 역할을 해야 한다. 교사는 우리 학생들이 좀 더 깊게 생각하고 배운 것을 연관시킬 수 있도록 북돋아 주어야 한다. 교사가 학생들과 만나는 그 짧은 시간에는 학생들에게 집중해야 하며, 배움에 필요한 것을 최고로 지원할 수 있도록 구조화해야 한다. 거꾸로배움은 이를 가능하게 해 주었다. 간단하게 모든 사람이 똑같은 시간에 똑같은 속도로 배워야 했던 직접 교수법을 전체 배움 공간에서 개별 배움 공간으로 옮김으로써, 이제 학생들과 마주하는 시간을 훨씬 더 효과적으로 활용할 수 있게 되었다.

거꾸로배움으로의 전환은 나뿐 아니라 우리 학생들과 학부모, 그리고 학교 관리자들에게도 큰 영향을 미쳤다. 거꾸로배움은 가르침과 배움에 대한 모두의 사고방식을 바꾸어 놓았다. 이제 교실은 수동적이고 피상적인 배움으로 채워진 공간이 아니다. 대신, 모든 학생들이 한 명 한 명 도움을 받을 수 있고, 학생 스스로 배움에 책임을 지는 능동적인 참여의 공간이 된 것이다.

변화는 3년 동안 이루어졌다. 진정한 학생 중심 교실을 창조하는 거꾸로배움의 모든 장점을 제대로 보기 위해서는 시간과 이해심, 그리고 경험이 필요하다.

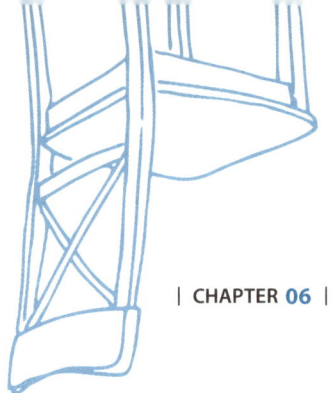

| CHAPTER 06 |

학생 중심 배움으로 옮겨 가기

브라이언 베넷의 이야기

브라이언 베넷은 현재 테크 스미스 기업에서 고객 솔루션 엔지니어로 일하고 있다. 이전에는 화학과 생물을 가르쳤는데, 조심성 많고 생각이 깊은 교육자였다. 브라이언의 블로그(www.brainbennett.org/blog)는 널리 알려져 있는데, 그의 성찰적 교육 실천 내용을 주로 다루고 있다. 수업 방법을 바꾸어야겠다는 생각에 브라이언은 학생들의 필요와 관심에 대해 신중하게 고민한 뒤 거꾸로배움을 받아들였다. 수업에서 교사에게 쏠리던 관심을 학생에게로, 좀 더 정확히 말하면 학생들이 배움에 이르도록 수업을 뒤집었다. 브라이언은 현재 거꾸로배움네트워크(Flipped Learning Network)의 운영진으로 종종 거꾸로배움에 대한 국제 논의에 토론자로 참석하고 있다.

∴ 화학을 가르치면서

다른 이들과 마찬가지로 나도 화학 교사가 된 첫해는 힘들었다. 우리는 대학의 교직 과정에 들어서는 순간부터 진짜 수업을 하는 첫날까지 주의를 받는다. 수업 계획안, 활동지, 채점, 학부모 상담 등 일거리 목록은 끝이 없다. 그 목록 어딘가에서 우리는 가르치고, 학교 규정을 익히며, 학급 운영을 해야 한다. 그리고 나서야 우리는 몇몇 아이들을 알게 된다. 결혼하자마자 처음 가르치기 위해 한국으로 이사하는 와중에 이 모든 일이 벌어졌다는 것을 한번 상상해 보라. 말할 필요도 없이, 나는 첫해 이 모든 일을 감당해야 했다. 이런 이야기를 하는 이유는 동정을 자아내기 위해서가 아니라, 본질적으로 가르치는 방법을 다시 배운 이듬해의 이야기를 하기 위해서이다.

- 문제점 발견하기

마침내 교사로 잘 살 수 있겠다고 느끼던 2010년 봄, 마음 깊은 곳에서 나를 불편하게 하는 몇 가지 패턴이 나타났다.

학생들은 내가 바라는 만큼 잘 알지 못했다. 나는 어떻게 하면 동기를 부여해서 학생들을 움직이게 할 수 있는지 알고 싶었지만, 그럴 시간이 없었다. 무엇보다 진도를 맞추는 데 급급했고, 소중한 수업 시간에는 화학 이외의 것을 갖고 토론할 수 없었다.

어떤 학생들은 화학에서 낙제했다. 그 당시 나는 종 모양의 곡선 그래프로 무덤덤하게 낙제자 현황을 기록했지만, 정말 괴로웠다. 대부분은 그래프 중간에 있었고, 몇몇은 더 높은 곳에, 몇몇은 더 낮은 곳에 분포되어 있었다. 나는 그게 어쩔 수 없는 현실이라고 생각했다. 그러나 그래프를 들여다볼수록 마치 내가 학생들을 속이고 있는 것 같았다. 학생들의 낙제는 이들을 효과적으로 수업에 참여시키지 못한 내 실패이기도 했으니까. 그때 나는 결심했다. 우리 학생들을 종 모양 그래프에 맞추지는 않겠다고 말이다. 학생들은 각각의 인격체이지 표준화된 데이터가 아니기 때문이다.

사실 나도, 학생들도 지루했다. 처음 화학을 가르칠 때, 나는 학습 내용을 전달하는 주요 방식으로 강의에 의존했다. 어쨌든, 강의식 수업은 10학년 때부터 대학 때까지 내가 화학을 배운 방식이었으니까. 나는 학습 내용을 잘 전달할 수 있었지만 내가 원하는 만큼 학생들이 단원에 대해 깊이 이해하도록 하기에는 충분하지 않았다. 나는 수업이 참여와 토론을 거듭하는 장이 되기를 원했다. 그러나 수업에서 내가 항상 주목해야 할 대상이 된다면 그런 특성은 나타나기 어려울 것이다. 나는 학생들이 지식을 습득하는 동시에, 능동적으로 참여할 수 있도록 강화시킬 수 있는 방법을 찾아야 했다.

- **우리 학생들 길들이기**

비록 에드워드 손다이크Edward Thorndike, 1905의 연구에 바탕을 두고 있다고 해도, 스키너B.F. Skinner, 1938는, '조작적 조건 형성'의 아버지로 널리 알려져 있다. 근본적으로 스키너는 자극으로 강화된 행동은 훨씬 더 강력해지며, 강화되지 않는 행동은 사멸된다고 말한다. 그의 실험들은 충분히 입증되었으며, 이 안에 담긴 의미는 교실 수업과 직접적인 관계가 있다.

우리 교육 제도는 교사가 학생들에게 주목할 것을 일방적으로 지시하는 데 바탕을 두고 있다. 한 해 한 해, 교사가 주어진 주제를 강의하면 할수록, 학생들은 조용히 앉아 필기하도록 길들여진다. 그러고 나서는 평가를 통해 학생들이 배운 것을 그대로 쏟아 내기를 바라고, 합격점을 넘으면 긍정적인 자극으로 이를 강화시킨다.

이렇게 우리는 기본적으로 교실을 몰개성화시켜 왔다. 배움은 능동적이고 협력적인 과정 대신, 상벌 체제로 바뀌었다. 학생들은 교사들을 사람으로 보지 않고, 교사들은 학생들을 본래 모습 그대로, 유연하며 역동적인 학습자로 여기지 않는다. 이런 길들이기 패턴은 어릴 때 시작하여 학교교육이 끝날 때까지 계속된다. 고등학교에 진학할 때쯤이면, 우리는 학생들을 더 이상 배우는 데 도움이 되지 않는 방식으로 행동하도록 길들여 버린다.

벤자민 블룸Benjamin Bloom, 1956의 학습 분류법은 스키너의 연구와 연결될 수 있다. 대부분의 교육자들에게 익숙한 블룸의 분류법의 인지 단계는 보통 피라미드 모양으로 제시된다.

도표 6-1 블룸의 분류법

스키너의 행동 강화reinforcing behaviors 이론의 관점에서 수업 방법과 블룸의 분류법의 관계를 살펴보면, 수업 방법으로 강의를 주로 활용할 경우, 학생들은 강의와 관련된 행동 조용히 필기하기이 강화되어, 기억하기와 이해하기 단계만 배우게 된다는 것이 분명해진다. 능동적이고 협력적인 수업 방식으로 바꾸어 능동적인 행동 참여와 토론을 강화시켜야 학생들을 상위 인지 단계의 배움으로 이끌 수 있는 것이다.

∵ 해결책을 찾아서

해결책을 찾고 있을 때, College Board^{미국 교육 관련 인터넷 게시판 서비스}에 있는 상급 화학 수업 동아리에서 단체 메일을 받았다. 한 토론자가 눈에 띄었는데, 대개 다음과 같은 이야기가 오갔다.

교사1 저희 학생들은 화학의 반응 속도론을 이해하는 데 어려움을 겪고 있습니다. 이 학생들을 도와줄 방법을 알고 계신 분이 계신가요?

교사2 저와 동료들도 같은 문제를 겪었습니다. 저희는 핵심 개념을 설명하고 연습 문제를 푼 강의 내용을 녹화하여 학생들에게 과제로 내주고 집에서 구글 비디오로 보게 했습니다. 학생들은 언제, 어디서든 필요한 만큼 몇 번이고 수업 영상을 볼 수 있었습니다.

교사2가 바로 당시 콜로라도에서 화학을 가르치고 있던 존 버그만이다. 존은 내 거꾸로교실의 출발점이었다. 존에게 처음 이메일을 쓰던 일이 떠오른다. '게시판에서 당신의 이메일을 보았다. 내게 좀 더 알려 줄 수 있겠느냐?'는 취지의 내용이었다. 존은 친절하게도 거꾸로교실의 기본을 설명한 개요를 보내 주었고, 콜로라도에서 열린 컨퍼런스에 참석하도록 초대해 주었다. 그 컨퍼런스에서 나는 존과 애론의 사례를 통해 교육 수단으로 동영상을 사용하는 협력 학습에 대해 생각해 보게 되었다. 그해 여름에 배운 것을 바탕으로 나는 교육과정을 전면 재설계하는 데 박차를 가할 수 있었다.

변화 시도하기

교직 2년차 때로 넘어가 보자. 첫해 내내 나는 교수법을 배우는 게 정말 어려웠다. 거꾸로교실을 해 보기로 마음먹고 완전히 교수법을 새로 배워야 했으니, 2년차 때도 첫해만큼이나 힘들었다. 처음 시작은 학생들이 집에서 보고 올 수업 영상을 녹화하는 일이었다. 나는 콜로라도 컨퍼런스에서 받은 동영상 제작 소프트웨어를 사용하여, 미리 만들어 둔 프리젠테이션 자료를 녹화했다. 수업 영상들은 내가 해 오던 수업과 비슷했으니, 교수법 면에서 보면 세상에 없던, 완전히 새로운 것도 아니었다. 하지만 학생들에게 집에서 수업 영상을 보고 오도록 하니, 수업 시간에는 영상에서 다룬 내용을 학생들이 이해하는 데 도움을 줄 수 있는 활동에 집중할 수 있었다.

난관에 부딪히다

거꾸로교실을 시작하고 처음 직면한 가장 큰 문제는 '수업 시간 내내 무엇을 해야 하는가'였다. 날마다 학생들이 참여하고 능동적으로 배울 수 있으려면, 철저한 계획을 세워야 했다. 여기저기서 만들어 보긴 했지만, 나는 이런 활동들을 정기적으로 준비하도록 요구를 받은 적이 없었다. 그래서 그때부터 연구를 시작했다. 인터넷에서 다른 과학 교사들의 수업 자료를 찾아 수업에 응용해 보았다. 처음에는 활동지를 만들거나 간단한 실험 같이 아주 기본적인 것들을 시도했다. 시간이 흐르면서 나는 비판적 사고, 추론, 탐구 요소를 담은 수업 자료를 스스로 만들어 나아갔다.

의미 있는 수업 활동을 설계하는 과제를 해결해 나갈 무렵, 다른 문제가 생겼다. '만약 학생들이 집에서 수업 영상을 안 보고 오면 어떡하지?' 답은 명확했다. '그 학생들은 수업을 날려먹겠지, 수업에 참여하려면 수업 영상을 다시 봐야 될 거야.' 그러나 순진하고 근시안적인 작전이었다. 나는 곧 학생들이 내 수업 영상으로만 배우지 않는다는 사실을 깨달았다. 당시 학생들은 내게 그냥 교과서를 읽거나 다른 웹사이트를 이용하여 개념을 배워도 되는지 물어 왔다. 한마디로 내 수업 영상이 여러 선택지 중 하나임을 깨닫고 기분이 묘했지만, 동시에 자유로워졌다. 그 후 나는 이 문제를 두 가지 각도에서 접근했다. 하나는 내가 학생들에게 개별적으로 가르쳐야 할 내용이 무엇인지, 또 하나는 학생들이 정말로 수업 영상을 집에서 꼭 보고 와야만 하는지, 아니면 아무래도 상관없는지에 대한 물음이었다.

∴ 거꾸로교실에서 거꾸로배움으로

나는 우연히 학생 중심의 배움을 접하게 되었다. 거꾸로교실 기본형, 즉 집에서 수업 영상을 보고 교실에서 연습을 하는 데 집중하는 형태에서, 거꾸로배움, 즉 언제든 배움이 촉진되고, 테크놀로지가 배움을 지원하는 형태로 옮겨 갔다. 판세를 바꾼 것은 학생들이 내 수업 영상을 보았든, 아니면 다른 자료를 통해 내용을 접했든 전혀 문제가 되지 않는다는 것을 깨달으면서였다. 학생들이 과학을 할 수 있다는 것, 내 강의가 있든 없든 학생들은 배울 수 있다는 사실이 중요했다.

나는 학생들에게 무언가 필요할 때, 스스로 도움이 되는 것을 찾을 수 있는 재치가 있기를 원했다. 질문을 통해 생각과 생각을 연관 지을 수 있기를 바랐고, 문제를 해결하며 함께 배워 나가기를 기대했다. 학습 내용은 중요할 때도 있지만 언제나 가장 중요하지는 않다. 나는 학생들이 수업 영상을 보고 앉아 있기보다 여럿이 함께 모여 문제를 해결해 가는 모습을 지켜보는 것이 더 좋았다. 이는 새내기 교사인 내게 어려운 일이었지만 시의적절한 교훈을 남겼다. 학생들은 수업 시간에 필요한 자료를 찾으면서, 보다 유익한 피드백을 내게 주었다. 이러한 피드백을 통해, 나는 가르치는 방법에서 바꿔야 할 것을 알게 되었고, 학기가 지날수록 수업은 개선되었다.

수업 영상은 반복해서 볼 수 있고, 1단원부터 배운 데까지 한꺼번에 볼 수 있다는 점이 좋아요. 선생님은 영상을 보는 동안, 혹은 보고 나서 우리가 해야 할 활동지를 미리 주셨어요. 그래서 우리는 멀뚱멀뚱 그냥 수업 영상만 보는 게 아니라, 활동에 대해 생각하거나 실제로 해 보기도 하죠. 수업 영상은 간결했고, 선생님이 그걸 만드시느라 정말 많은 시간을 들인 게 분명했어요.(저는 선생님이 집에서 항상 컴퓨터랑 이야기한다고 말씀하신 걸 기억해요. 하하.) 또한 선생님은 수업 시간에 질문을 하든지, 수업 영상을 보든지, 수업을 위해 필요한 건 무엇이든 할 수 있게 해 주었어요. 그래서 우리는 수업 시간에 선생님과 소통을 하죠. 컴퓨터를 통해서가 아니라….

— 수잔, 11학년(고2) 화학반 학생

멋지다. 학생들은 배우고 있었고 서로 생각을 나눴다. 나는 교사로서 성장하고 있음을 느꼈다. 지금은? 내 수업이 더욱 깊어진 진짜 이야기는 이제부터 시작된다.

∴ 거꾸로배움으로 학생들의 성장을 어떻게 도울까

간단히 답하면 소통이다. 학생 한 명 한 명과 주제를 놓고 토론하는 시간은 가장 큰 차이를 만든다. 물론 어떤 교사든 같은 이야기를 할 수 있다. 그렇지만, 실천하기는 가장 힘들다. 진도 나가고, 문제 풀고, 평가까지 하면서 이런 활동까지 혼자 다 하려면 시간이 부족할 수밖에 없다. 거꾸로배움은 단순히 기술을 활용해 기존 수업에서 해 오던 요소를 제거함으로써 보다 중요한 것에 집중할 수 있게 해 주었다.

  2011학년도 마지막 날, 나는 학생들에게 다음에 들어오는 학생들에게 줄 편지를 쓰도록 했다. 거꾸로교실에서 어떻게 하면 성공할 수 있는지 조언도 써 달라고 했다. 솔직히 말하면, 이 과제를 내면서 너무 많은 학생들이 수업 영상에 초점을 맞출까 봐 염려스럽기도 했다. 학생들이 적어 준 120통의 편지를 읽고, 나는 글을 복사해서 워드 클라우드 텍스트를 넣으면 단어 빈도에 따라 크기가 다르게 나타나 관심과 중요도 등을 시각적으로 표현하는 기법를 만들었다.

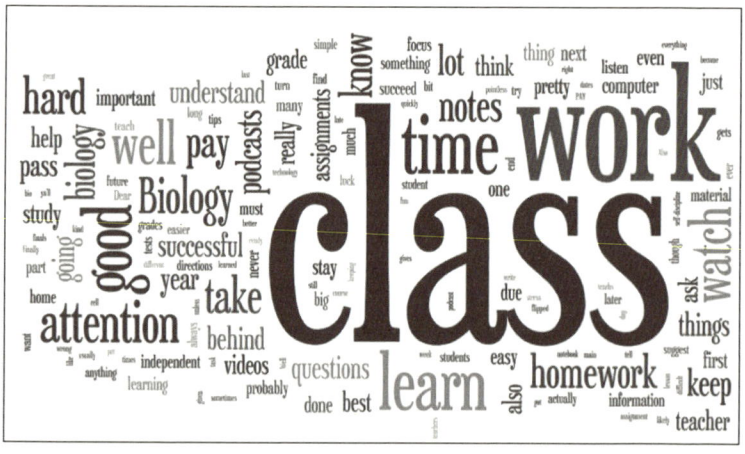

도표 6-2 거꾸로교실 성공을 위한 학생들의 조언

나는 정말 놀랐다. 때때로 전하고자 하는 의미보다 수업 방법이 더 두드러져 보이는데, 이 경우는 아니었다. 압도적으로 많은 학생들이 수업 시간에 만들어 온 관계의 가치를 알아본 것이다. 2010년에 수업 영상을 직접 만들지 않았다면, 내 수업 시간은 정말 의미가 없었을 것이다. 다른 교사들은 이러한 변화가 교사로서 내가 성숙해졌기 때문이라고 말하고, 나도 그 영향을 부인하지는 않는다. 다만 내가 여전히 교실 앞에 서서 강의만 하는 과학 교사였다면, 내가 경험한 이 성장이 이렇게까지 특별한 의미로 다가오지는 않았을 것이다.

거꾸로배움과 함께 한 경험은 의미가 크다. 교사 생활 첫해를 마칠 때쯤, 거꾸로배움을 만난 것은 행운이다. 내가 이룬 변화와 거꾸로배움에서 배운 교훈들은 한 인간이자 교사로서 내가 누구인지 말해 주는 빼놓을 수 없는 부분이 되었다.

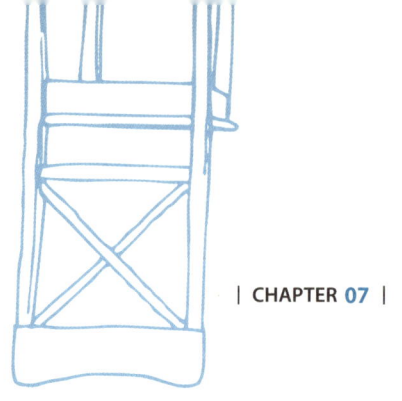

| CHAPTER 07 |

체육 수업에서의 거꾸로교실

제이슨 한쉬타트 이야기

학생들과 마주하는 시간을 최선으로 사용하는 방법은 무엇인가? 아마도 이 질문은 거꾸로교실이 만들어진 수만큼이나 많이 나왔을 것이다. 자기 수업을 거꾸로 만든 교사들은 대부분 인문 과목을 담당하고 있다. 일리노이 주, 케닐워스 시의 K-8(초등학교와 중학교가 통합된 학교) 체육 교사 제이슨 한쉬타트가 이 '단 하나의 질문'을 처음 들었을 때, 그 또한 자기 교실을 뒤집고 싶었다. 그가 이야기하는 거꾸로교실 체육 수업 경험담을 들어 보자.

수업 시간 운영 문제는 주요 교과를 담당하는 교사들에게 그리 특별하지 않다. 체육을 비롯하여 특별 교과를 담당하는 교사들도 운동과 교육 목적을 모두 충족하기 위해 수업 시간을 어떻게 활용할지 분석해야 한다. 체육 교사는 소중한 수업 시간을 활동에 대해 설명하고, 게임 규칙을 가르치며, 기구를 설치하고, 모둠을 편성하는 데 사용해야 하기 때문에 어려움이 있다. 거꾸로교실을 활용한 체육 수업에서는 이 같은 일에 수업 시간을 써야 하는 상황을 뛰어넘어, 보다 많은 시간을 활동에 할애할 수 있다.

물론, 체육을 거꾸로교실로 운영하는 데는 장애물이 있다. 그 장애물 중 하나는 다른 교과들과 달리 체육 교과에서는 예전부터 과제를 내주지 않았다는 점이다. 이런 면 때문에 학생들은 흔히 체육을 주요 교과에 비해 학문적으로 엄격하지 않은 과목이라고 생각한다. 거꾸로교실 기본형 모델은 학생들에게 교실 밖에서 참여할 기회를 줌으로써, 교육과정을 좀 더 풍부하고 해 볼 만하게 만들어 준다.

대개 체육 교사들은 학생들을 교실에 앉혀 놓고 강의하고, 쪽지 시험을 통해 평가를 한다. 거꾸로배움은 교사들이 강의와 평가를 수업 시간 밖으로 빼낼 수 있게 해 주었다. 교사가 수업 영상을 만들면, 학생들은 자기 의견을 녹화하고, 온라인으로 쪽지 시험을 볼 수 있다. 게다가 '너 춤 좀 추는구나' 같은 단원은 수업 시간에 창작한 춤에 투표하는 방식으로, 교실 밖 수업에 재미와 의미를 더함으로써 학생들의 동기를 유발하고, 더 많은 참여를 이끌어 냈다. 또한 체육 교사들은 각 학급의 시합 결과를 웹페이지나 소셜 네트워크에 업데이트 하는 방식으로, 가상공간을 활용할 수도 있다. 특히 체육에 관심이 많은 학생들이 있다면, 교사들은 구글 문서도구를 활용하여 상급 수준의 학습 자료를 더 쉽게 개발할 수 있다.

왜 체육 교사가 거꾸로배움을 고민해야 했는가

활동 시간은 전 학년 모두에게 중요하다. 체육 시간에 주요 규칙과 시험 방법에 대해 지나치게 강조하다 보면 활동할 시간이 줄어든다. 미국 심장협회는 아이들이 좋은 심혈관 건강을 유지하려면 날마다 적어도 30분간 운동할 것을 권장하고 있다. 나는 전 학년 학생들이 날마다 체육 수업을 듣고 매 수업에서 적어도 30분간 운동해야 하는 학교에서 근무하는 복 받은 사람이다. 그러나 요즘 많은 학교에서 학생들은 일주일에 두세 번, 그마저 수업 당 15분 정도밖에 체육 활동을 할 시간이 없다.

학생들과 함께 해 온 경험에 비추어 보면, 중학생들이 게임이나 운동에 가장 적극적으로 참여하려고 한다. 그러나 게임이나 운동을 설명하려고 들면, 학생들은 금방 집중력을 잃는다. 학생들은 다른 교과와 마찬가지로 학습 자료를 가져온 '무대 위 현자sage on the stage'의 말을 듣고 싶어 하지 않으며, 이런 수업 방법으로 의욕이 생기지 않는다는 걸 쉽게 알 수 있다.Bergmann & Sams, 2012 바로 여기서 거꾸로교실 모델이 도움을 준다. 수업 전에 예습을 함으로써, 체육 교사는 학생들과 활동하고 운동할 시간을 최대치로 끌어올릴 수 있는 것이다.

몇 학년에 거꾸로교실을 적용해야 하는가

거꾸로교실을 활용한 체육 수업은 1학년부터 모든 학년에서 가능하다. 학년별로 달라 보이지만 직접 만든 수업 영상에는 공통점이 있다. 어린 학생들은 수업 영상에 본인과 선생님이 나오는 것을 좋아한다. 그래서 나는 공 던지고 잡기 같은 기본 기술 사례로 학생들과 내가 실제로 연습하는 모습을 수업 영상에 담았다. 우리가 평소에 많이 하는 경기도 수업 영상으로 만들었다. 경기에 참여하기 전에 학생들이 보고 올 수 있게 하기 위해서였다. 4~5학년 학생들에게 배드민턴처럼 수준 높은 게임을 가르칠 때에는 여러 수업 영상을 혼합하여 기술에 대해 알려 주는 방식으로 바꾸었다. 중학생주로 6~8학년 수업 영상은 주로 규칙을 설명하는 방식으로 만든다. 고등학교 체육 교사들에게는 높은 수준의 기술을 설명하는 수업 영상과 게임 분석을 결합시키기를 권한다. 고등학생들은 스스로 수업 영상을 만들거나 경기 전략을 분석하고, 자신이나 또래의 기술 수준을 평가하면서 스스로 얼마나 알게 되었고, 성장했는지 보여 줄 수 있게 된다.

∵ 체육 수업에서 거꾸로교실은 어떻게 이루어질까

2년 전, 새해 첫 교무회의에서 신규 교육기술 선도 교사로서 우리는 존 버그만과 인사를 하게 되었다. 존의 발표를 통해, 나는 석사학위를 마친 후 처음으로 수업 시간 사용에 대해 다시 평가해 보게 되었다. 가장 인상 깊었던 존의 질문은 "선생님이 늘 반복하고 있는 말과 행동은 무엇인가요?"였다. 나는 계속 반복하는 내용을 수업 영상에 담을 수 있다는 것을 배웠다. 학생들은 교실 밖에서 수업 영상을 볼 수 있고, 교사는 더 중요하다고 여기는 활동에 가치 있는 시간을 보낼 수 있다. 체육관에서 최우선으로 여기는 것은 학생들이 움직이고 참여하는 질 높은 활동이다. 일상 수업을 분석한 결과, 나는 하루에 너무 많은 시간을 경기에 대한 설명을 반복하거나 운동 기구를 세팅하는 데 보내고 있었다. 일단 운동 기구를 쓸 수 있게 되면, 우리는 활동 시간을 아주 잘 활용할 수 있었다. 그러나 불행히 학생이 결석했다면, 그 수업에서 배웠어야 할 내용에 대해 다른 학생들을 방해하지 않으면서도 지체 없이 다시 가르칠 수 있는 방법을 찾아야 했다.

이런 생각이 마음에 들어오면서 나는 체육관을 거꾸로 뒤집었다.

내가 거꾸로 하기로 마음먹은 첫 단원은 피클볼Pickleball, 테니스, 배드민턴, 탁구의 요소를 뒤섞은 라켓 스포츠의 일종이었다. 수업 영상을 만들기 위해 구글 검색으로 피클볼 설명에 도움이 될 만한 사진 몇 장을 내려받았다. 무료 사진 자료를 살피다 보니, 할머니가 피클볼 라켓을 들고 상대를 노려보는 재미있는 사진도 찾을 수 있었다. 피클볼 코트 사진을 찾은 다음, 프리젠테이션용 소프트웨어에 사진과 게임의 역사, 규칙을 설명하여 담았다. 스크린 캡쳐 소프트웨어를 사용하여 녹화하면서 내가 하는 모든 것을 기록했다. 화면에서 움직이는 것과 웹캠 앞의 내 모습까지. 그 다음에는 기존 수업에서 하던 대로 강의를 했다. 실수는 언제든 편집할 수 있으니 걱정하지 않았다. 강의를 마치고 나서 편집을 했다. 시간이 걸렸지만 할수록 더 쉽고 빨라졌다. 완성한 동영상은 학생들이 볼 수 있게 학교 동영상 사이트와 유튜브에 동시에 올렸다.www.youtube.com/watch?v=P_hk5UgC-og 수업 영상이 완성되었으니, 이제 평가를 뒤집을 차례였다.

체육 수업에서 평가 뒤집기

학생들이 알았으면 하는 정보를 수업 영상에 모두 담았다고 해서 할 일이 끝난 것은 아니었다. 이제 학생들이 수업 자료를 확실히 이해하도록 만들 방법을 찾아야 했다. 그래야 기존 강의식 수업을 하지 않고도 해당 단원을 시작할 확신을 얻을 수 있었기 때문이다. 학습 내용을 평가할 확실한 방법이 없으면, 학생들이 수업 영상을 보았는지조차 알 방법이 없다는 점을 명심해야 한다. 처음 거꾸로교실을 체육 수업에 활용했을 때, 이러한 평가 방법을 만드는 게 더뎠다. 그러자 학생들은 학습 내용의 중요성을 진지하게 받아들이지 않았다. 어느덧 나는 처음으로 되돌아가 활동을 위해 수업 시간을 사용하는 것이 아니라 학습 내용을 전달하는 강의를 하고 있었다. 여기서 나는 모든 준비를 단원 시작 전에 마쳐야, 학생들이 미리 학습하고 활동에 참여할 수 있다는 점을 깨달았다. 충분히 재미있는 활동을 준비했다면, 학생들은 미리 수업 영상을 보며 동기를 부여받고, 수업 시간에 수업 영상을 보거나 문제를 푸는 대신 활동에 참여할 수 있을 것이다.

수업 영상에 대한 학생들의 이해 정도를 측정하는 데에는 온라인 퀴즈가 최고였다. 여러 프로그램을 실험해 보면서, 가장 유용하다고 생각하는 프로그램들을 소개하겠다. 첫 번째는 온라인 문서 작성기 online form creator이다. 이 프로그램은 만들기 쉽고, 웹페이지를 링크시켜 공유할 수도 있다. 질문은 객관식, 주관식, 서술형, 체크 박스, 목록 선택, 평가 척도, 빈칸 채우기처럼 다양하게 만들 수 있다. 온라인 문서 작성기는 사용하기 쉽고 그때그때 활용할 수 있다. 심지어 나는 수업 영상을 게시하는 같은 페이지에 구글 양식을 끼워 넣기도 했다. 질문은 선택이나 필수로 설정할 수 있고, 시험 결과는 시간별로 스프레드시트에 기록되어 확인할 수 있다. 경험상, 온라인 문서 작성기가 학생들의 정보를 수집하고 설문하는 데 가장 유용했다.

온라인 평가 도구 중 컴퓨터를 기반으로 한 시험 프로그램도 유용하다. 이런 프로그램들은 대부분 비교적 저렴하면서도 교사에게 꼭 알맞게 개발된 시험 시스템을 제공한다. 사진, 소리, 동영상, 글자, 그리고 웹 링크 등을 문제에 첨부할 수 있고, 질문도 객관식, 빈칸 채우기, 단답식, ○×고르기, 짝짓기, 번호 매기기, 작문이나 설문과 같은 다양한 형태로 만들 수 있다. 문제를 만들고 나서 바로 링크를 공유하여 시험을 볼 수도 있다. 점수는 자동으로 채점된다. 학생들의 부정행위를 방지하려면 문제와 답을 무작위로 구성해야 한다. 문제마다 제한 시간을 둘 수도 있다. 이런 프로그램의 유일한 단점은 대개 한 사람만 사용할 수 있다는 점이다. 시험 파일을 사용자들끼리 공유할 수도 있지만 교사 수만큼 소프트웨어 사용료가 추가되고, 시험 결과를 공유하는 것도 제한되어 있다.

요즘 사용하는 평가 도구는 학교 학습관리시스템Learning Management System : LMS에 있는 것이다. 학급별, 웹페이지별, 평가별로 구성되어, 다른 교사나 학생들과도 공유할 수 있다. 안전하게 보관된 온라인 문제 은행에서 객관식, ○×고르기, 단답식 같은 문제 유형을 선택할 수 있다. 모든 질문은 문제 은행에 저장되어, 다양한 문제를 출제하고자 할 때 도움이 된다. 자동으로 시간을 재고 점수를 매긴 뒤, 결과를 보여 주고, 구글 문서, 파일, 텍스트, 링크, 사진까지 모두 시험 문제에 사용할 수 있다. 학생들의 개별 계정과도 연결되어 있어서 수업에 아주 유용하다.

∴ 체육 수업에서 거꾸로교실의 결과들

거꾸로교실을 체육 수업에 적용하면서 시행착오에 빠지기도 했다. 이러한 어려움 속에서도, 나는 체육에 대한 학생들의 관심과 지식이 늘어나는 것을 지켜보았다. 또한 체력 단련과 경기를 비롯한 다양한 활동에 수업 시간을 충분히 확보할 수 있었다. 학생들은 이런 변화에 잘 적응했고, 나는 별다른 불만이 없었다. 학생들은 수업 시간 이외에도 원하는 시간에 쪽지 시험을 볼 수 있었다. 만약 학생이 결석을 해도, 주어진 과제는 여전히 완성해야 한다고 책임감을 부여할 수 있었다. 시험 성적은 계속 올라갔다. 온라인 문제를 만들어서 학생들이 여러 번 시험을 보면서 더 높은 점수를 얻을 수 있게 해 주었기 때문이다. 그 결과 전체 성적도 향상되었다. 수업 시간에 하는 경기나 활동에 대한 준비성도 물론 높아졌다. 학생들이 거꾸로교실에 적응할 무렵, 나는 학생들에게 이전까지 본 적이 없는 새로운 경기를 소개하기도 했다. 그럼에도 학생들은 시작부터 높은 참여도를 보여 주었다.

나는 수업 영상을 반드시 교실 밖에서 봐야 한다고 생각하지 않는다. 거꾸로교실 체육 수업의 특성상, 수업 영상을 학생들과 함께 교실에서 보는 것이 더 나을 때도 있다. 이 전략에는 여러 장점이 있다. 일례로, 시간마다 배우고자 하는 바를 완벽하게 배울 수 있다는 메시지를 일관성 있게 전할 수 있다. 나는 원래 정해진 시간을 넘기지 않는다. 수업 영상도 마찬가지로 적정 길이에 맞춘다. 또한 수업 영상을 사용하여 이미지, 도표, 내가 학생들에게 가르치려는 기술과 전략들의 사례들을 보여 줄 수도 있다.

교실에서 학생들과 함께 수업 영상을 볼 때 가장 큰 매력은, 학습 환경에 온전히 집중할 수 있는 자유가 생기면서, 학생들의 집중도를 훨씬 잘 관리할 수 있게 된 점이다. 학생들은 동영상이나 텔레비전에 익숙하기 때문에, 현실에 있는 나보다 화면 속의 내 모습에 훨씬 잘 집중했다. 학생들이 수업 영상을 본 후 박수를 칠 때마다 자부심도 조금씩 커져 갔다. 내가 얼굴을 보며 규칙을 설명할 때는 한 번도 박수를 친 적이 없던 학생들이다. 수업 영상으로 나는 교사로서 다시 생기를 찾았고, 수업의 다른 부분에 직접 쏟을 힘도 더 커졌다.

∴ 결론

되돌아보니 몇 가지 말하고 싶은 주제와 질문이 떠올랐다. 우선, '얼마나 자주 수업 영상을 사용하여 가르쳐야 하는가?' 하는 질문이다. 체육 수업에서는 새 단원이 시작되어 학생들이 새로운 정보를 가장 많이 배워야 할 때, 거꾸로 수업하는 것이 가장 좋은 것 같다. 학생들이 규칙과 절차를 잘 알게 된 후에는 단원이 끝날 때까지 별다른 지장 없이 수업을 잘 이끌 수 있었다.

보통 많이 받는 질문 가운데 하나는 '수업 영상은 직접 다 만들어야 하나? 아니면 다른 사람이 만든 걸 보여 주어도 되는가?'이다. 대답은 아주 간단하다. '상황에 따라 다르다.'는 것이다. 내가 만든 수업 영상은 내가 가르치려는 환경에 가장 특화되어 있고, 평가 문제도 여기서만 출제한다. 학생들과의 관계에 있어서도 교사가 설명하는 수업 영상을 볼 때 학생들에게 긍정적인 영향을 미친다. 그렇지만 이따금 학생들에게 기술 시범을 잘 보여 주어야 할 때, 다른 사람이 만든 수업 영상을 이용하기도 한다.

아이팟이나 아이패드에 있는 동영상 녹화 기능을 사용하면, 학생들에게 직접 동영상을 찍게 하여 엄청난 기회를 마련할 수도 있다. 학생들이 좋아할 뿐만 아니라 배운 지식과 기술을 보여 주는 평가 도구로도 사용할 수 있기 때문이다. 배움의 최고 수준은 분석하고 성찰하기이다. 나는 이런 평가를 위해 앱을 사용해 왔다. 학생들은 일단 본인들이 기술을 구사하거나 경기하는 모습을 녹화한 후, 그 영상을 프레임 단위로 보거나 슬로모션으로 확인한다. 코치스 아이 Coach's eye라는 앱인데, 영상에 선을 긋는 텔레스트레이션 telestration 기능을 가지고 있어, 선을 그으며 설명하고 녹화할 수 있고, 분석한 영상을 출력하거나 공유할 수도 있다. 보통 스포츠에 대한 이런 접근법은 대부분 고등학교에서 경쟁이 치열한 종목에 주로 쓰이는데, 코치가 선수들의 비디오를 보고 개선점을 조언할 때 활용한다. 체육 수업에 참여하는 학생들은 같은 내용을 보다 쉽게 수행하면서, 평가는 물론 학생들의 성장 가능성도 크게 열렸다. 덤으로, 학생들이 찍은 영상으로 종종 다음 학생들이 보고 배울 수 있는 아주 좋은 거꾸로교실 수업 영상을 만들 수도 있다.

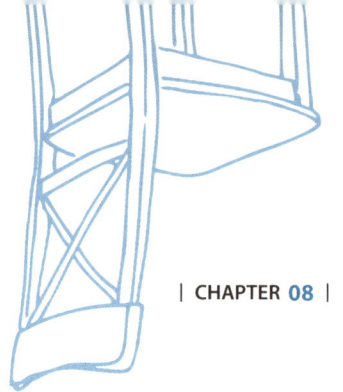

| CHAPTER 08 |

거꾸로교실에서 깊은 배움으로의 전환

캐롤린 덜리의 이야기

"저기요, 저는 지금 혁명을 겪고 있는 것 같아요." 캐나다 브리티시 콜롬비아 주 켈로나 시의 생물 교사 캐롤린 덜리는 이 글을 블로그에 올리며 거꾸로배움 현장에 혜성처럼 나타났다. 블로그에서 그녀는 "나는 세상이 변하고 있는 것을 알고 있었어요. 그렇지만 아무도, 어느 누구도, 내게 어디로 어떻게 가야 하는지 말해 주지 않았죠."라고 말했다. 거꾸로배움을 통해 그녀는 학생들을 더 깊은 배움으로 이끄는 방법을 찾았다. 그녀는 거꾸로배움 적용 방법을 다른 교사들에게 가르쳐 주면서 블로그에 거꾸로배움에 대한 이야기를 계속 올리고 있다. 그녀는 동료 그래햄 존슨과 함께 거꾸로배움 캐나다 모임을 시작했다. 그녀의 변화 이야기를 즐겨 보자.

만약 5년 전쯤 누군가 내게 학생 중심의 학습이 어떤 모습인지 말해 달라고 했다면, 설명할 방법을 찾기 위해 머리를 쥐어짰을 것이다. 아마 '깊은 배움'도표 8-1에 대해서는 설명조차 하지 못했을 것이다. 20년 넘게 수업을 하는 동안 나의 전문성은 가르치기였다. 따라서 나는 학생의 배움보다 나의 가르침에 집중했다. 나는 교육과정을 잘 정리하고 계획을 잘 짠 다음, 진도에 맞추어 앉아 있는 학생들에게 전달하면 배움이 일어난다고 믿었다. 이제는 안다. 그때의 나는, 지금 내가 '얕은 배움'이라고 부르는 것을 조장하고 있었던 것이다. 당시 나는 교육과정을 전달하는 역할에 큰 책임감을 느꼈고, 내 입장에서는 그게 학생을 가르치는 일이었다. 수업에서 활동 영역은 전적으로 나, 즉 교사의 주도로 이루어졌다. 이런 마음가짐으로 교실의 학생들은 얄팍한 배움의 끝자락에 머물러 있었고, 깊은 배움으로 발전하고 꽃피울 길이 막혀 있었다.

∴ 가르침, 회전문에서 벗어나기

9월이면 나는 똑같은 문제를 풀어야 하는 자신을 재발견하곤 했다. 수업에 들어가면 마치 회전문에 있는 것처럼, 수업 방식에는 어떤 의미 있는 발전도 없이 전년도와 똑같은 문제에 처한 나를 발견했다. 해마다 새롭게 구성하고 준비하며 새로운 시도를 해야겠다고 다짐했지만 똑같은 문제들이 나타났고, 학생들의 배움에 지속적으로 영향을 미치는 변화는 거의 만들어 내지 못했다. 수업 방식을 변화시키기 위해서는 너무 많은 시간과 노력이 필요했기 때문에, 대학 진학을 위해 점수를 관리해야 하는 고3 학생들의 진도를 맞추면서 이것까지 해낼 능력이 없었다.

도표 8-1 얕은 배움과 깊은 배움의 비교

얕은 배움	깊은 배움
학생들이 자기 인식보다 습관에 따라 활동한다.	학생들이 학습 목표에 가장 적합한 학습 활동이 무엇인지 명확하게 알고 구별할 수 있다.
학생들이 교사들의 자세한 가르침에 매우 의존한다.	학생들이 교사뿐 아니라 또래들과 협력하고 소통한다.
학생들이 성공 경험이 부족하고, 자신들의 성공에 부정적인 생각을 가지고 있어서 새로운 활동을 시도해 보기를 좋아하지 않는다.	학생들이 배우는 과정에서 위험을 감수하는 가치를 알고, 실수에서 배우고, 성찰을 통해 적절한 행동을 취할 수 있다.
학생들이 배우는 과정에서 동떨어져 있다. 배움이 자신과 관련이 없고 세상과 무관하다고 여긴다.	학생들이 배우는 과정에서 자부심과 주인의식을 가진다.
학생들이 점수를 따기 위한 전략에 집중한다.	학생들이 본인의 배움을 개선할 전략과 습관에 집중한다.

학생들이 수동적이고 순종적이다.	학생들이 능동적이고 적극적이다.
학생들이 주제나 단원 사이의 관련성을 찾아 설명하기를 어려워한다.	학생들이 단원 사이의 관련성을 설명할 수 있고, 각 주제가 과정 전체의 큰 그림과 어떻게 연관되는지 설명할 수 있다.
학생들이 성적이나 점수를 배움의 증거로 여긴다.	학생들이 배움을 과정으로 생각한다.
학생들이 구체적으로 무엇을 어려워하는지 스스로 인식하는 능력이 부족하다.	학생들이 전체 과정 중 구체적으로 어디에서 자신이 강하고 약한지 분명히 설명할 수 있다.
학생들이 여러 주제를 외웠다가 금세 잊어버리는 정보의 목록이라고 생각한다.	학생들이 여러 주제를 그 주제보다 더 큰 맥락에 연결시킬 수 있다.(왜 그리고 어떻게 연관되는지 안다.)

 나는 점점 더 많은 시간과 노력을 '더 좋은' 학교와 분과별 정책 개발을 위해 쏟으며, 학생들이 자리에 앉아 보내는 시간을 극대화시킬 방법을 찾았다. 우리 학생들이 제자리에 앉아만 있다면 나머지 배움의 문제는 쉽게 해결되리라고 잘못 생각한 탓이다. 이런 정책은 학생들의 배움을 개선하는 데 직접 초점을 맞추지 않고, 피상적인 조치로 정기적으로 시험을 보거나 수업 중에 도망치는 학생, 학교에 자주 빠지는 학생이나 무단으로 결석하는 문제들에 초점을 맞추고 있었다.

 이런 편협한 초점 때문에 내 수업 방식과 배움에 관한 관점은 계속 피상적이고 얄팍한 상태에 머물러 있었다. 교사로서 내 능력은 교과 구조화, 행동 교정, 수업 통제, 오락, 참여 유도 같은 것을 중심으로 큰 시험을 대비하기 위해서는 잘 짜여 있었지만, 학생들을 깊게 배우도록 촉진하지는 못했다. 그럼에도 나는 참 보람 있게 가르쳤고, 학생들과 훌륭한 관계를 맺었으며, 학생과 학부모, 교육 관료들에게 긍정적인 평가를 받았다. 그래서 나는 교실에서 해 온 일에 자부심이 있었다. 이런 성공은 학생들의 배움에 대한 내 정의를 더 강화시켰다. 즉, 학생들이 내가 정해 놓은 속도대로 수업을 놓치지 않고 따라오면, 토론이나 성찰 없이도 많은 내용을 빨리 소화해 내는 능력을 가지게 된다고 생각했다. 탐구 학습이나 메타인지 또는 이해 중심 교육과정*Understanding by Design : UBD이나 문제 기반 학습Problem-Based Learning : PBL, 보편적 학습 설계Universal Design for Learning : UDL 같은 새로운 교수 학습 전략은 상상조차 할 수 없었다. 이미 하고 있던 것을 온전히 수행할 시간도 모자랐으니, 새로운 것을 탐구하고 더 해 볼 여지는 더욱 없었다.

바로 이렇게 부족한 시간 때문에 나는 거꾸로교실의 문에 들어서게 되었다. 거꾸로교실을 하면 교실에서 쓸 시간을 늘릴 수 있을 것 같았다. 나는 거꾸로교실 기본형을 시작하며, 내 강의를 집에서 보고 올 수 있게 영상을 만들어 저장했다. 도표 8-2 새로 생겨난 수업 시간

---

* 수업 설계 방법의 하나로 'Understanding by design' 혹은 거꾸로 생각한다는 'Backward design'으로 불린다. 기존에 정해진 수업 목표에서 수업 설계를 시작하는 것이 아니라, 교실에서 학생들이 실제 수업을 통해 이해해야 할 결과물을 먼저 생각하고 수업을 구성하는 것을 말한다.

덕에 나는 당연히 했어야 할 것들을 수업에 넣을 수 있었다. 이제, 과학에 대해서 말만 하는 것이 아니라 실제로 실험도 할 수 있었고, 날마다 모든 학생과 대화도 나눌 수 있었다. 도움이 필요한 학생들을 돕고, 먼저 지루해하는 학생들에게는 도전 거리도 주었다. 처음 거꾸로교실 기본형을 시작했을 때, 내 목적은 단순했다. 자리에 앉아 있는 학생들에게 더 많은 시간을 만들어 주어, 교과 내용을 파고들게 하려는 것이었다. 거꾸로교실 기본형은 표면적인 문제들을 빠르게 해결해 주었지만, 그만큼 새로운 문제들도 남겼다.

도표 8-2 성공적인 수업 영상 만들기

시간	최대 10~12분 이내
형식	수업 영상 템플릿을 만들고, 그 템플릿을 사용해 제작한다.
안내	수업 영상을 어떻게 봐야 하는지 직접 안내한다.
필기용 학습지	학생들에게 필기용 학습지를 제공하여 보고 있는 게 무엇인지 알 수 있게 한다.
함께 보기	수업 영상을 볼 때 둘씩 짝 지어서 보거나 모둠에서 함께 보도록 유도한다.
자율 시간제	수업 시간에 학생들이 시간을 정해 영상을 보게 한다.
교사가 직접 만들기	교사가 직접 만든 수업 영상은 교사가 학생들을 위해 헌신하고 있음을 보여 줌으로써 학생들과의 신뢰를 쌓아 준다.

수업 영상 내려받기	교실에 컴퓨터가 있다면, 인터넷 연결이 느리거나 원활하지 않을 경우를 대비하여 미리 컴퓨터에 수업 영상을 내려받아 놓는다.
대안 마련	학생들이 수업 영상 보기를 원치 않거나 수업 영상이 배움에 도움이 되지 않는다고 말할 때를 대비, 다른 선택 사항을 준비한다.
이어폰	교실 안에 이어폰을 비치해 두거나 학생들이 본인 것을 가지고 오도록 한다.

∵ 거꾸로교실 기본형, 패러다임 결함을 드러내다

거꾸로교실 첫해에 만든 수업 영상 덕분에, 나는 교사의 가르침에서 학생의 배움으로 중심을 옮길 수 있었다. 수업 영상을 사용하자, 학교생활 안팎에서 들여 온 시간과 노력에 '여백'이 생겨났다. 진도에 따라 학습 내용을 전달해야 한다는 책임감, 즉 본의 아니게 학생들에게 얄팍한 배움을 부추긴 그 책임감에서 벗어난 점도 내게는 특히 중요했다. 그러나 그 '여백'은 학생들의 배움에 관해 기대치 못한 통찰과 새로운 과제를 남겨 주기도 했다.

학습 내용을 전달하는 일이 학생들과 마주하는 시간 밖으로 빠져나가면서, 나는 이제 날마다 학생들과 소통할 수 있었다. 매 수업에서 개별 학생들과 의미 있는 대화를 나누게 된 것이다. 물론 이 자체로도 보람은 있었지만, 많은 학생들이 기초 역량이 부족해서 스스로 배우는 데 어려움을 겪었다. 학생들은 '학교 놀이'에는 잘 훈련되어 있었지만 '배움 놀이'를 할 역량은 부족했던 것이다. 깊은 배움으로 나아가기에 앞서, 출석만 하면 되던 이전 교실과는 완전히 달라진 환경에, 학생들이 잘 적응할 수 있도록 이에 필요한 습관과 역량을 길러 주어야 한다는 사실을 깨달았다.

또한 학생들은 급격한 수업 변화를 받아들일 준비가 되어 있지 않았다. 학생들에게도 적응할 시간이 필요했던 것이다. 초기에는 많은 학생들이 '더 이상 그들의 선생님이 되어 주지 않는 것' 때문에 원망을 하거나 화를 내기도 했다. 그동안 학생들과 아주 잘 지내온 터라 이런 반응을 보는 것은 내게도 힘든 일이었다. 새로운 활동을 조금씩 소개하면서 학생들과 신뢰를 유지할 방법을 찾아야 했다. 또한 학생들이 공부 습관이나 어떤 학습 주제에서 난관에 부딪혔을 때, 그 어려움을 극복할 수 있도록 실천 계획을 꼼꼼히 세울 수 있게 적절한 지원을 해 주어야 했다. 학생들은 배우고 싶어 했고, 장기적인 목표도 있었다. 하지만 시간 관리 능력이 부족하거나 하루하루의 습관을 목표로 이어가는 데 어려움을 겪고 있었다. 학생들의 주인의식이 발현되는 데는 생각보다 오랜 시간이 걸렸다. 그러나 학생 스스로 선택한 경우에는 내가 대신 선택해 주었을 때보다 훨씬 더 깊게 몰두했다. 주어진 시간과 공간에서, 학생들은 스스로의 성공을 위해 적절히 선택하는 방법을 배워 나갔다.

배움은 선형적인 것이 아니다. 그리고 학생들은 스스로 배움의 속도를 조절할 수 있다. 무엇을 배우고, 무엇을 생각하는지 날마다 학생들과 소통하다 보니, 내가 정해 준 속도와 상관없이 스스로 자기 속도에 맞추고 있다는 것을 바로 알아차렸다. 더 놀라운 것은, 명확한 학습 목표와 기준이 규칙적으로 제시되었을 때, 학생들이 어디서 어려움을 겪고 있는지 스스로 정확하게 파악할 수 있었다는 점이다. 어떤 학생들은 아주 오랫동안 뚜렷한 발전을 보이지 않아서, 나는 그들이 배우지 못한다고 여긴 적도 있다. 그러나 거꾸로배움에서는 많은 학생들이 아주 짧은 기간에 성장하고 변화하는 모습을 보여 주었다. 이런 모습들을 통해, 많은 학생들이 스스로 배움을 책임질 수 있다는 것을 깨달았다. 학생들이 자율적으로 배우려면, 공부 습관이든 수업 내용이든 어려움을 겪는 부분을 극복할 수 있도록 실천 계획을 꼼꼼하게 세우도록 지원해 주어야 한다. 어떤 학생들은 시간 관리 능력이 부족하거나 장기 목표를 위해 공부 습관을 들이는 데 어려움을 겪기도 한다. 개별 학생들과 함께 할 시간이 있었기 때문에, 나는 학생들의 어려움에 눈을 돌릴 수 있었고, 바로 필요한 도움을 줄 수 있었다.

내가 발견한 또 다른 쟁점은 많은 학생들이 배움에 이르는 데 필요한 자기 성찰과 자기 주도력을 낯설어하고 불편해한다는 점이다. 학생 입장에서, 메타인지 생각하기를 생각하기는 배움을 향상시키는 핵심 요소로는 그다지 가치가 없었다. 학생들은 점수 따기에 필요하지 않은 활동은 비본질적이고, 자신들의 에너지를 낭비하는 것으로 여겼다.

∴ 거꾸로교실 기본형에서 거꾸로배움으로

거꾸로교실 기본형은 내 낡은 사고방식의 단점을 드러내어, 학생 중심 교육을 상상할 수 있게 도와주었다. 내가 거꾸로배움으로 나아가고자 하는 데는 두 가지 목적이 있었다. 교실에 자립적인 학습 공동체를 만들고 도표 8-3 학생들이 자율적인 존재가 되도록 하는 것이다. 따라서 학생들 사이에 강한 공동체 의식을 심어 주고, 학생들이 타율성이 아닌 자율성을 기를 수 있도록 교실 환경을 새롭게 바꾸어야 했다. 자립적인 공동체에서 학생들은 서로 협동하고 협력하며 배워 나갔다. 협동과 협력을 통한 학습은 교실에서의 소속감과 공동체 의식을 높여 주었다. 특히 협력 학습은 학생들을 자신의 기량이나 수준에 상관없이 가치 있는 존재로 느끼게 해 주었기 때문에 중요했다.

도표 8-3 교실 공동체의 핵심 요소

협력 학습	협동 학습
다른 학생들과 함께 실질적인 프로젝트를 만들고, 각각의 학습자들이 프로젝트를 수행하면서 구체적이면서도 상호의존적인 역할을 하는 것.	다른 학생들과 함께 배우기 위한 목적으로 주어진 주제를 이해하려고 노력하는 공동체의 일부가 되는 것.

- **교실에서 자립적인 학습 공동체 만들기**

학생들이 교실 학습 공동체의 성공적이고 능동적인 구성원이 되도록 하는 데 도움이 될 만한 활용 방법들을 정리해 보았다.

함께 규칙 만들기 나는 학급 일과와 규정을 만들 때 학생들을 적극적으로 참여시킨다. 예를 들어, 학급에서 학생들은 개인용 전자 기기 규정을 만들고 모두 그 문서에 서명했다.

교실 공간 배치하기 교실 가구를 모둠 학습과 개인 학습에 모두 적합하게 배치했다. 교사가 교실의 중심이 되어 주목 받는 것을 줄이고 싶었다. 내가 쓴 방법 가운데 하나는 교실 세 곳에 대화 공간을 만들고, 모둠 토론을 위해 편안한 소파를 마련한 것이다.

모둠 활동 정상화하기 나는 새 학기가 시작되면 처음 몇 주 동안은 필요한 일상 학급 과제를 만들고, 학생들이 팀워크와 서로 다른 자신의 능력을 파악하도록 하는 데 주력한다.

같이 책임지기 학생들의 주인의식과 독립심을 기르기 위해 정기적으로 반복하여 모둠 과제를 주었다. 예를 들면, 모둠마다 주별 과제를 주고, 한 해 동안 이 과제들을 모둠 사이에 돌렸다.

학급 문화 개발하기 예전에 학급 문화는 내 개성과 에너지에서 나왔다. 학생 중심 수업에서 학생들이 이끄는 학급 문화는 곧바로 뚜렷하게 나타나지는 않는다. 학생 중심의 문화가 발전하려면 오랜 시간이 걸리고 좀 더 의도적으로 만들어 가야 한다. 하지만 학급 문화가 일단 만들어지면, 자립적으로 이루어지며 교실 벽을 뛰어넘는다. 나는 학생이 만들어 가는 학급을 장려하기 위해 학생들이 서로 소통하고 질문할 수 있게 학급 페이스북 그룹을 사용했다.

학생들에게 피드백 받기 나는 학생들에게 정기적으로 피드백을 받았다. 그리고 나서 이들의 건설적인 비판과 피드백에 대해 공개적으로 답했다. 학생들의 제안은 가능한 모든 곳에 적용하려고 애썼고, 적용할 수 없으면 그 이유를 설명했다.

- 스스로 배우는 학생으로 키우기

학생들은 타율에 익숙해 있었기 때문에 학급 문화에서 자율을 중요시할 수 있도록 다음을 활성화시켜야 했다.

정기적으로 메타인지 향상시키기 학생들에게는 자기가 무슨 생각을 하는지 인식할 수 있도록 정기적인 훈련이 필요했다. 처음에는 많은 학생들이 이 활동을 무의미하게 여기며 대개 "이걸 왜 하는 거예요?" 하고 물었다. 시간이 지나자 학생들은 이 과정에 익숙해졌고, 시키지 않아도 스스로 하게 되었다. 학생들은 "자기 생각 돌아보기를 하면 무엇을 해야 하는지 가려내는 데 도움이 되요." "내가 당황하고 스트레스를 받을 때, 자기 생각 돌아보기를 하면 내가 해야 할 일들을 작은 덩어리로 나눌 수 있어요."라고 말했다. 학생들은 저렴한 공책에 배움 일지를 썼다. 배움 일지를 교실에 두어서 아무 때나 쉽게 찾아 쓸 수 있었다. 학급 문화와 자율성을 키우는 더 많은 활동은 도표 8-4에서 살펴볼 수 있다.

메타인지 모델 보여 주기 학생들은 교실에서 교사를 우두머리 학습자로 여길 필요가 있다. 이를 위해 교실에서 자기 생각 돌아보기 시간을 갖는 동안, 나도 우리 교실에 관해 되돌아본 내용을 블로그에 올렸다. 교사도 배움에 대해 스스로 성찰하는 학습자이며, 그것이 가치 있고 중요한 활동이라는 것을 본보기로 보여 주고자 했다.

정기적으로 목표 세우기 학생들에게 단기 목표와 장기 목표를 배움 일지에 정기적으로 기록하도록 했다. 어떤 학생들에게 이러한 목표는 도움을 요청하거나 작은 프로젝트를 완수할 때처럼 간단했다. 어떤 학생들은 이미 이런 능력을 가지고 있었고, 또 어떤 학생들은 자신의 시간과 배움에 대한 주인의식을 기르는 데 도움을 얻었다. 또 다른 학생들은 금세 습관을 들여, 시키지 않아도 할 수 있었다.

눈에 보이는 목표 만들기 한 해를 시작하며 우리는 함께 학급 목표를 세우고, 학생들은 저마다 개인 목표를 정했다. 우리는 한 학기 동안 그 목표들을 교실에 전시했다.

목표 공개하기 학생들은 자신이 세운 목표를 모둠에서 공유하고, '증인석' 도표 8-4이라는 활동을 통해 나와 이야기를 나눈다. 목표를 말로 표현하고 이야기를 나누는 활동은 학생들이 학습자로서 날마다 하는 선택에 대한 주인의식을 강화시킨다.

선택권 주기 학생들에게 활동을 완수하는 데 필요한 시간과 공간을 제공한다. 학생들은 쉬는 날도 선택할 수 있고, 개별 공간이 필요하다면 존중해 주어야 한다. 수업마다 '시간 선택제'를 하는데, 이 시간에는 학생들이 개인 학습 목표를 가장 잘 달성하기 위해 해야 할 일을 스스로 선택할 수 있다.

새로운 활동 반복해서 소개하기 나는 학생들이 새로운 활동을 시도해 보도록 부추겼다. 가능한 활동은 도표8-4에서 살펴볼 수 있다. 하지만 궁극적으로는 학생들이 새로운 활동을 편하게 느끼고, 할 준비가 되면 스스로 참여할 것이라고 믿는다. 학생들이 새로운 활동을 '재미있다'고 느끼면, 수업 시간에 할 때에도 일단 시도해 보게 된다. 수업 시간에 질문에 답하기 위해서 트위터를 이용하거나 폴 에브리웨어Poll Everywhere, 질문에 답을 하거나 투표나 설문을 할 때 사용하는 앱의 한 종류 같은 앱을 사용하는 것이 이런 활동의 사례이다.

성격 차이 존중하기 어떤 학생들은 내향적이어서 온라인처럼 덜 공개적인 공간에 참여하기를 선호한다. 어떻게 참여할지 선택권을 주면 학생들은 편하고 존중 받는 기분을 느낀다. 가능한 한 나는 가장 잘 참여할 수 있는 방법을 학생 스스로 선택하게 해 주려고 한다. 예를 들어, 어떤 학생들은 전체 학생들 앞에서 공개적으로 참여하기를 꺼리고, 학급 페이스북 그룹처럼 온라인 토론에 참여하는 것을 더 편하게 느낀다.

학생들을 믿어라 예전에 나는 계속 공부하고, 과제를 마치고, 도움을 받으러 오도록 학생들을 늘 압박했다. 학생들과 많은 토론을 하면서, 교사가 세세한 부분까지 간여하는 것을 별로 좋아하지 않는다는 사실을 알았다. 어떤 학생들에게는 오히려 역효과를 내어 아예 마음을 닫게 만들기도 했다. 비록 내게는 벗어나기 어려운 습관이었지만 "저 혼자 할 수 있어요."라고 학생들이 말하면 믿어 보려고 노력하고 있다.

실패 뒷받침하기 나는 처음 낙제를 한 학생들이 뒷받침을 받으면, 변화하기 위해 좀 더 빨리, 긍정적으로 반응하는 걸 알았다. 이는 학생들을 실패하게 해 보라는 뜻이 아니라 학생들이 준비되었을 때, 배운 것을 보여 줄 기회를 제공하는 것이 낫다는 의미이다. 나는 재시험과 대안 평가를 해 보았다. 낙제 탈출 면담 시험이나 포트폴리오 만들기 같은 예가 있다.

도표 8-4 거꾸로교실에서 가능한 활동들

배움 일지	메타인지, 목표 설정, 교사와의 개별 소통을 위해 교실에 놓고 쓰는 저렴한 필기장.
학습 유인물 모음	단원별로 가장 좋은 마감일을 정하고, 가능한 학습 활동, 수업 영상 메모용 학습지, 해당 단원의 학습 기준이나 목표 등을 함께 묶은 책자.
증인석	시험 전 수업 시간에, 개별 학생과 교사가 인터뷰를 하는 자리. 학생들은 스스로 배운 것을 내보이고, 학생과 교사는 무엇이 쉽고, 무엇이 어려운지 대화를 나눈다.
재시험 신청서	재시험을 원하는 학생들이 제출하는 신청서. 재시험 기준이 명확하여, 조건을 만족한 학생들만 신청할 수 있다.
시간 선택제	학생들이 자기 상황에 따라 적절한 활동을 선택할 수 있게 수업 시간에 제공하는 시간. 학기 초에는 10~20분, 수업 특성에 따라 점차 늘려 나간다. 학생들은 이 시간에 주로 수업 영상을 본다.
기존 활동	학기 초에는 내가 여전히 교사임을 보여 주기 위해 날마다 내용 전달 위주의 짤막한 강의를 한다. 시간이 지나 학생들이 거꾸로교실에 익숙해지면, 모두를 대상으로 한 강의는 하지 않지만, 필요하면 모둠별로 복습용 설명을 하거나, 짧은 강의는 여전히 진행한다.
공동체 시간	학급 전체가 같은 프로젝트를 하는 시간. 생물 수업에서는 주로 실험을 한다. 만약 뒤처지는 학생이 있다면, 따라잡기 위해 모둠 활동을 그만 둘 수 있다. 학생에 따라 그 기준은 달라진다.

- **자주, 빨리 실패하며 앞으로 나아가기**

　변화한다는 건 뭔가 새로운 걸 시도해 본다는 뜻이다. 체육관을 가든, 새로운 방법으로 요리를 하든, 새 전화기를 사용하는 것도 마찬가지이다. 실수하기 마련이다. 배우는 환경을 변화시키는 데에는 실패, 즉 30명의 아이들 앞에서 실수하는 것도 포함된다는 사실을 이제는 알겠다.

　실패를 기꺼이 받아들이기는 참 어려웠다. '나이 많은' 교사로서, 나는 어떤 실수나 소란 없이 수업을 진행하는 데 익숙했다. 안정적이고 예측 가능한 환경에서 날마다 자잘한 실수를 저지르는 상황으로 바뀐 몇 달은 정말 힘들었다. 완벽하지 못하니 스트레스를 받았고, 너무 난장판이어서 혼란스러웠다. 실패를 받아들이고, 실패에서 배우며, 바로 앞에서 기다리고 있는 다음 실수를 하러 가야 했다. 여기서 얻은 교훈이 있다. '빨리 실패하고, 자주 실패하라. 그러면 그 실수가 너를 앞으로 나아가게 해 줄 것이다!' 실패는 끝이 아니라 새로운 시작이다. 실패를 배우지 않으면, 배움을 실패한다. 거꾸로교실 기본형에서 나는 실패했지만, 안정감 있게 서서히 앞으로 나아갔다. 학생 중심의 교실, 깊이 있는 배움이 가능한 교실을 디자인하는 데 도움이 되는 방향으로 말이다.

∴ 거꾸로배움에 다다르다

거꾸로교실로 향하는 여정은 수업 영상 만들기에서 비롯되었다. 거꾸로교실 기본형에서 성공한 교사가 되기 위해, 지난 20년간 교직에서 쌓아 온 강의와 구조화 능력을 사용할 수 있었다. 일단 수업 영상을 만들고 파일을 모아 아카이브에 저장하자, 설명을 반복하는 일에서 자유로워졌고, 수업 시간을 다른 목적으로 사용하게 되었다. 이렇게 나를 지치게 했던 시간은 줄어들었고, 이제 어떻게 하면 수업을 서로 다른 능력에 맞춰 학생 중심 수업으로 발전시킬 수 있을지에 주목하게 되었다. 이런 변화는 거꾸로교실을 하는 다른 교사들과 날마다 성찰하고 토론하며 여러 달에 거쳐 서서히 일어났다. 변화하는 내내, 나의 관심은 학생들이 있는 곳에서 함께 하는 것으로 나아가며, 학생들이 자기 주도적으로 배우고, 스스로 선택하며, 성공하든 실패하든 자기 배움에 책임감을 갖도록 했다. 이런 수업 디자인은 첫해 수업 과정을 통해 진화되었다.

처음 거꾸로교실 기본형을 시작했을 때, 나는 이렇게 내 교실을 극적으로, 돌이킬 수 없게 바꿔 놓을 것이라고는 상상조차 하지 못했다. 시작 단계에서 나의 첫 소망은 그저 수업에서 더 많은 시간을 확보하여, 원래 수업에서 당연히 했어야 할 활동들을 실제로 할 수 있기를, 그래서 학생들을 고등교육을 위해 준비시킬 수 있기를 원했을 뿐, 이런 가능성이 생겨나리라고는 생각하지 못했다. 거꾸로교실 기본형을 통해, 나는 대단히 교사 주도적으로 통제하는 방식에서 학생들에게 집중한, 학생 중심 방식으로 바뀌었다. 거꾸로배움 교사가 된 것이다. 더욱 분발해야겠지만, 나는 절대로 예전 방식으로 돌아가지는 않을 것이다. 내 가르침, 우리 학생들, 그리고 학생들의 배움 모두 영원히 바뀌었다.

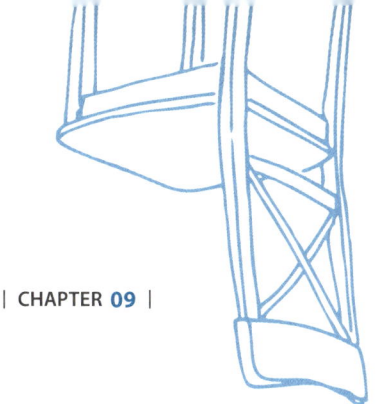

| CHAPTER 09 |

거꾸로교실로
배움을 민주화하다

톰 드리스콜의 이야기

언론에서 거꾸로교실을 다룰 때, 주로 언급하는 교과는 수학과 과학이다. 인문 교과를 가르치는 교사들은 종종 자신들의 과목은 뒤집을 수 없다는 생각을 한다. 코네티컷 주 퍼트넘 시의 사회 교사 톰 드리스콜은 자신의 역사 수업을 뒤집었다. 거꾸로배움을 통해 교실에서 학생과의 소통을 늘려 나갔을 뿐 아니라, 학생에 맞게 배움을 개별화하고, 학급 전체에 걸쳐 교육을 민주화했다. 그의 변화 이야기를 즐겨 보자.

왜 우리에게는 다음에 무엇을 배울지 결정할 투표권이 없나요? 왜 선생님은 그렇게 진도를 빨리 나가시죠? 천천히 하시면 안 되나요? 제 표현의 자유는 어디에 있어요? 제 성적에 이의를 제기해도 되나요?

이와 비슷한 질문들이 내가 미국 정부 단원을 가르치기 시작한 첫 4년 동안 이따금씩 나왔다. 당시 나를 포함한 많은 교육자들은 이런 학생들의 의견을 마치 공부를 회피하기 위한 전략으로 치부하며 매몰차게 무시했다. 여러 해 논쟁이 되풀이되는 동안 나는 대개 다음과 같은 반응을 보였다. "그래 이 수업은 아마 민주적으로 보일 거야. 하지만 사실 독재에 더 가까워. 어쩌면 나는 너그러운 독재자일지도 모르지. 하지만, 어쨌든 독재라구." 내가 이 질문들을 정확히 어디서 들었는지 모르겠지만 이런저런 이유로 훌륭한 생각이라고 여겼다.

내 수업의 본질에 대해 진지하게 재검토해 보기 시작한 것은 2011년 여름이었다. 학생들이 제대로 짚은 것일까? 우리나라를 이끄는 원칙에 대해 깊은 신뢰를 가진 사회 교사로서, 내 수업 스타일이 그렇게 위선적이었나? 수업에서는 민주주의의 미덕을 칭송하면서, 우리 교실은 그런 모습과 닮지 않아서 그런가? 단순히 그렇게 단정 지을 수는 없었다. 내 수업은 모둠 대화와 토론을 바탕으로 하고 있었다. 특히,

시민교육센터에서 '우리가 국민'이란 모의 청문회를 하는 기간에는 더욱 그랬다. 학생들은 '시민 프로젝트' 프로그램에 참여하여, 지역사회에서 실제로 일어나는 문제들을 함께 해결해 나갔다. 나는 또한 기술을 도구 삼아 학생들의 참여를 끌어내고, 21세기에 필요한 능력을 키울 수 있도록 여러 방법을 활용해 왔다.

그러나 더 깊이 성찰해 보니 문제가 어디에 있는지 분명해졌다. 첫째, 나의 교육 방식은 강의를 통한 직접 교수법에 지나치게 의존하고 있었다. 또한 학생들이 무엇을 배워야 하고, 배운 내용을 어떻게 평가할지에 대해서도 엄격하게 통제했다. 이 밖에도 이따금씩 학생들에게 확실한 목표도 없이 과제나 프로젝트를 마구 내주기도 했다. 학생들은 주어진 학습 목표를 달성했지만 배운 내용을, 학교를 넘어 자신의 삶과 세상에 적용해 보려는 의식은 거의 없었다. 끝으로 학생들에게는 스스로 배움을 선택하거나 통제할 권한이 거의 없었다. 그러다 보니, 내가 아무리 최선을 다한다고 해도, 학생들은 대부분 배움에 빠져들지 못했고 배움에 대한 열정도, 동기도 부족했다. 나의 '너그로운 독재' 운운하는 이야기를 듣고도 학생들이 아무런 감흥을 보이지 않은 것은 놀랄 일도 아니었다.

∴ 새로운 시작

나는 2011학년도에 학군을 바꾸어, 코네티컷 주 퍼트넘 시에 있는 퍼트넘 고등학교에서 가르치기 시작했다. 350명 가량의 학생이 다니는 이 작은 공립학교는 코네티컷 주 북동쪽의 '고요한 모퉁이 Quiet Corner'라는 노동 계층 주민이 대다수인 마을에 있다. 세 과목을 가르치기도 했지만, 학습 격차가 큰 학생들을 함께 가르치는 세계사 과정이 가장 문제였다. 퍼트넘 학생들의 학습 수준은 아주 넓게 분포되어 있었는데, 때로는 초등학교 2학년 수준부터 고3 수준의 읽기 능력을 가진 학생들이 한 학급에 있을 정도였다. 한마디로 새 학년을 시작하기는 꽤나 힘들었다. 내 강의는 대부분 학생들에게는 너무 빨랐고, 몇몇 학생들에게는 짜증스러울 정도로 느렸다. 어떤 학생들은 상습적으로 결석을 해서 갈수록 뒤처졌고, 다양한 이유로 숙제를 해 오지 않는 학생들도 여럿 있었다. 이전에도 비슷한 문제를 경험했지만, 이곳 학생들은 훨씬 더 심했다. 그러나 주된 걱정은 학생들에게 있지 않았다. 내 수업 방식과 학습 환경이 문제였다.

교육자로서 내 능력과 역할에 대해 많은 자기반성과 성찰을 한 후, 나는 다음과 같은 결론에 이르렀다. 모든 학생들이 좀 더 민주적으로 배울 수 있게 수업을 바꾸어야 한다는 것이다. 수업을 바꾸어, 학생들에게 진짜 세상에서 문제를 해결해 나갈 수 있는 학습 환경을 마련해 준다면, 학생들은 보다 넓게 생각할 것이다. 학습 내용과 기술을 습득하는 것은 여전히 필요하겠지만 배움의 목적은 더 큰 의미에 바탕을 두게 될 것이다. 그 목적은 우리 모두가 속한 역동적이고 민주적인 세상을 반영하는 한편, 우리 학생들이 진짜 세상에서 살아갈 수 있도록 학습 환경을 마련하는 것이다.

물론, 민주 교육과 이것의 실제 구현 방법에 대해서는 다양한 시각이 있다. 나의 해석은 존 듀이John Dewey, 1916, 조셉 칸과 조엘 웨스트하이머Joseph Kahne and Joel Westheimer, 2003, 2004, 하워드 부딘Howard Budin, 2010, 2011, 21세기 스킬을 위한 연대Partnership for 21st Century Skills, 2011를 비롯하여 폭넓은 자료에서 영향을 받았다. 콜롬비아 대학에서 석사 과정을 밟으면서 선행 연구를 마치고, 나는 민주 교육에 관해 다음과 같은 틀을 세웠다.

민주 교육은
- 지적 경험을 할 수 있는 공정한 기회를 보장한다.
- 다양한 지식과 견해를 접할 기회를 보장한다.
- 개인의 주도권과 적응력을 계발한다.
- 시민 생활에 필요한 지식과 능력을 계발한다.
- 학생들의 다양한 표현 방식을 존중한다.
- 학생들의 선택과 권한을 존중한다.

민주적인 교실의 학생들은 규칙적으로 _____ 을(를) 한다.

- 협력적인 의사결정
- 비판적 사고
- 탐구 기반 문제 해결
- 사회적 상호작용과 협력 추구
- 능동적이고 경험적인 학습 기회
- 사회 문제에 대한 비판적 평가

앞서 언급한 요소들은 물론 민주 교육만을 위한 것은 아니다. 모든 효과적인 가르침을 구성하는 요소들이기도 하다. 그러나 내 수업은 항상 이런 가르침과 학생들의 배움에 도움이 되지 않았다. 나는 자문해 보았다. "학생들이 좀 더 민주적으로 배우려면 내 수업 전략과 교육과정을 어떻게 진화시켜야 할까?"

∵ 변화를 시작하다

- 거꾸로교실 기본형

2011년 10월, 한 동료 교사가 거꾸로교실 개념을 소개해 주었다. 기초 조사를 하고 나서, 나는 많은 이들이 말하는 거꾸로교실 기본형을 실험했다. 먼저 수업 시간에 하던 강의를 온라인 수업 영상으로 바꾸었다. 이 수업 영상을 과제로 내주고, 수업 시간에는 다른 학습 활동이 가능하도록 구성했다. 학생들은 바람직한 반응을 보여 주었고, 어느 정도 성취도도 향상되었지만 여러 문제가 지속되었다. 우선, 학생들이 학습 내용을 배우는 데 수업 영상이 얼마나 도움이 되는지 평가할 수 있는 시스템이 필요했다. 그래서 수업 영상마다 시청을 유도하는 질문과 온라인 퀴즈를 만들었다. 이 방법은 확실히 도움이 되었지만 학습 격차는 여전했다.

지나고 나니 분명해 보이지만, 거꾸로교실 초창기에는 학습 속도 문제가 주요 걱정거리였다. 이제는 수업 시간의 대부분을 학생 활동에 사용하기 때문에, 학생들이 서로 다른 속도로 배운다는 것이 점점 분명해졌다. 어떤 학생들은 다른 학생들에 비해 그날의 학습 목표를 더 빨리 끝내서 남은 수업 시간에 할 일이 없었다. 이런 문제는 늘 있었지만 이제는 더욱 두드러졌다. 나는 이 문제를 파고들었다. 거꾸로 배움의 요소들을 포함하면서 이 문제를 해결할 방법은 무엇일까?

- **거꾸로완전학습**

2012년 1월이 시작되면서 우리는 거꾸로완전학습 모델로 전환했다. 단원마다 4가지 정도의 학습 목표를 설정했고, 목표마다 3~4가지 세부 학습 목표를 두었다. 세부 학습 목표는 다시 1~6가지 관련된 학습 과제로 구성했다. 학생들이 한 단원의 학습 과제를 수행하여 세부 학습 목표를 완수한 것을 보여 주면 다음 진도를 나갔다. 학생들은 수업 영상을 학습 자료로 활용했지만, 학습 과정에서 활용하는 많은 도구 가운데 하나일 뿐이었다. 거꾸로완전학습 모델은 이전 학기에 한 거꾸로교실 접근 방식보다 상당히 개선되었다. 그러나 배움 환경을 보다 민주적으로 만들기 위해서는 여전히 해야 할 일이 많았다.

• **학습관리시스템 도입하기**

온라인 수업 영상을 관리하기 위해, 나는 효과적인 학습관리시스템Learning Management System : LMS을 찾기 시작했다. 2011학년도 남은 기간에는 에드모도Edmodo 플랫폼에 의존했다. 이듬해에 나는 좀 더 발전되고 협력적인 학습관리시스템 에듀온고EDUonGo로 내 수업 자료와 평가 자료들을 옮겼다.도표 9-1 새로 도입한 학습 플랫폼에는 학생들이 수업 영상은 물론, 다른 수업 자료들도 볼 수 있는 공간이 있었다. 또한 토론방과 쌍방향 전자책, 동영상에 주석을 달 수 있는 도구들도 학생들의 소통과 협력을 촉진시켜 주었다. 평가는 학습관리시스템에 구글 양식을 삽입하거나 링크를 걸어 사용했고, 플루바루Flubaroo 채점 도구로 응답을 분석했다. 다양한 선택 사양을 갖춘 평가 프로그램과 학습 프로그램이 많지만, 앞서 언급한 것들이 가장 효과적이었다.

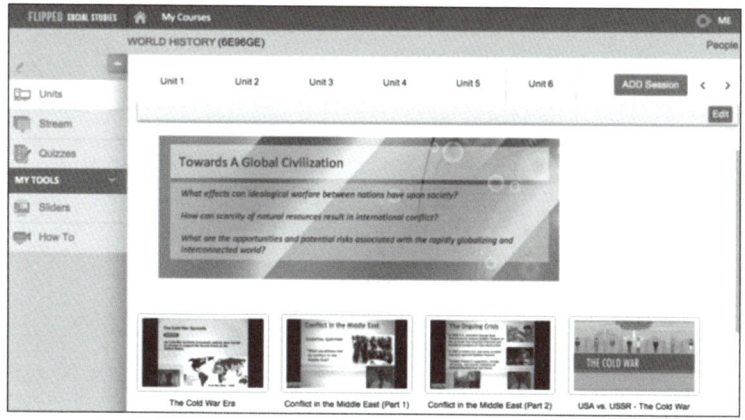

도표 9-1 에듀온고(EDUonGo) 학습관리시스템

∴ 보다 민주적인 교실을 향하여

수업이 나아질수록, 실제 배움도 점점 민주적으로 이루어졌다. 내 수업 방법은 여전히 거꾸로완전학습에 뿌리를 두고 있었지만, 모둠별 대화와 토론을 할 수 있는 시공간을 지속적으로 마련하면서, 탐구 학습의 원리를 통합시켰다. 자세히 말하면, 거꾸로배움은 개별화된 수업 지도, 소통과 표현의 기회 확대, 능동적이고 경험적인 활동 촉진, 지적 경험에 대한 공정한 기회 제공, 배움에 대한 주인의식 고취, 그리고 비판적 사고와 협력적 문제 해결에 가치를 둠으로써 우리 교실을 민주적으로 변화시켰다. 즉, 우리 교실은 앞서 말한 민주적인 학습의 특징들을 성공적으로 발전시킨 것이다. 다음은 내가 어떻게 이런 과정이 일어났다고 믿게 되었는지 보여 주는 글이다.

저는 거꾸로교실 사회 수업을 정말 좋아해요. 어떻게 배울지 결정할 수 있는 권한이 제게 있거든요. 우선, 언제 어디서 과제를 하고, 어떤 자료를 공부할지 많은 것을 선택할 수 있어요. 또한 강의 내용과 과제가 항상 온라인에 있어서, 언제든지 쉽게 찾아볼 수 있다는 점도 좋아요. 필기를 할 때면 수업 영상을 멈추거나 다시 볼 수 있는 것도 도움이 되고요. 어떤 때는 진짜로 이해하기 위해 몇 번이고 수업 영상을 볼 거예요. 제일 좋은 건 과제를 할 시간이 있다는 점이에요. 저는 수업 시간에 잘 집중하고, 보통 다른 학생들보다 앞서 나가죠. 거꾸로교실 수업에서는 모두가 단원을 마치지 않았더라도, 제가 다음 걸 할 수 있다는 게 정말 대단해요.

— 에단 부루소, 퍼트넘 고등학교 학생

- **개별화**

많은 교육자들은 학급 전체를 대상으로 하는 직접 교수법과 개별 학생에 맞춘 교육이 양립할 수 없다고 생각한다. 예를 들어 교사가 강의를 하고 있다면, 개별 학생과 공부하고 있는 것이 아니다. 만약 교사가 개별 학생을 돕고 있다면, 그것은 교육자들 대부분이 필수라고 생각하는 모두를 대상으로 한 직접 교수를 소홀히 하는 것으로 비춰진다. 그러나 거꾸로배움은 내 수업의 성격을 바꾸어 놓았다. 나는 이제 가치 있는 강의식 수업을 소홀히 하지 않으면서도 학생들과 더 많은 시간을 함께 하게 되었다. 내가 정말 필요하다고 생각하는 강의식 수업은 학생들을 위해 여전히 남아 있다. 강의식 수업은 시작 후 몇 분간 이루어지기도 하고, 온라인 학습관리시스템에 올려놓은 수업 영상을 통해 전달되기도 한다.

거꾸로배움은 차이를 더욱 인정함으로써 우리 수업을 개별화하는 데 보탬이 되었다. 학생들은 자기 속도에 맞게 배울 수 있었고, 스스로 학습을 선택하고 통제할 수 있는 더 많은 권한을 보장받았다. 사실 내가 퍼트넘 고등학교 학생인 마이크 라로셀에게 거꾸로배움에 대해 설명해 보라고 하자, 수업 영상 이야기는 전혀 하지 않았다. 학생이 처음 언급한 이야기는 "자기 속도에 맞춰 할 수 있고, 다른 아이들보다 더 빨리 배워도 제한을 두지 않는다."는 내용이었다. 세계사 수업을 듣는 노아 멜룩스도 비슷한 반응을 보였다. 노아는 "거꾸로교실은 해야 할 일을 명확하게 알게 해 주어서, 단원을 바로 공부할 수 있어요. 필요하면 도움을 받을 수 있고, 아무도 나를 가로막고 있지 않아서 교실에서 얽매인다는 느낌을 훨씬 덜 받아요."라고 말했다.

각 단원에서 학생들은 여러 가지 학습 목표를 수행하며 나아간다. 학생들이 한 학습 목표에 숙달되었음을 내보이면, 다음 단계로 넘어

간다. 학생들의 성취를 바탕으로 한 이러한 평가를 통해, 나는 학생들이 다음 단계로 넘어갈 준비가 되었는지, 아니면 좀 더 공부를 해야 하는지를 판단한다. 따라서 빨리 배우는 학생들은 지체되지 않고, 더디게 배우는 학생들도 개념이나 기술을 제대로 파악하지 않은 채 성급하게 서두를 필요가 없다. 이런 접근법은 학생들에게 배움에 대해 더 많은 권한을 부여할 뿐만 아니라, 과제 수행보다 배움이 중요하다는 사실을 보여 준다.

거꾸로배움은 학생의 선택과 권한을 늘리면서 수업을 개별화한다. 학습 목표를 얼마나 수행했는지를 드러내는 것이 목적이기 때문에, 과제를 선택할 더 큰 자유가 생겼다. 나는 수업에 보편적 학습 설계Universal Design for Learning : UDL 원리를 끌어들여 학생들에게 완전학습을 시연하는 다양한 방법을 제공해 보았다. 예를 들어, 학습 목표를 얼마나 수행했는지를 평가하는 방법을 학생들 스스로 선택하거나, 직접 평가 방법을 개발할 수도 있다. 다만 그 방법으로 어떻게 자신의 완전학습 상태를 내보일지만 미리 나와 상의하면 되었다.

제 생각에 거꾸로배움은 수업에서 훨씬 더 잘 할 수 있게 동기를 마련해 주는 것 같아요. 날마다 해야 할 일을 선생님이 그냥 말해 주는 대신, 학생들이 학습 목적에 맞추어 어떤 활동을 하고 싶은지 선택할 수 있어요. 어떤 과제가 재미없으면, 그냥 그 목표와 관련된 다른 과제를 선택하면 되는 거죠. 만약 흥미로운 과제가 하나도 없으면, 자기 방식대로 만들어도 돼요.

학습 목표를 어떻게 성취했는지 보여 줄 수만 있으면 되니까요.

— 죠슈아 알러드, 퍼트넘 고등학교 학생

• 사회적 소통과 학생의 의사 표현

우리 수업에서는 민주 교육의 두 가지 핵심 요소인 사회적 소통과 학생의 의사 표현을 강조해 왔다. 거꾸로배움을 통해 학생과 교사 사이의 소통은 양적으로나 질적으로 늘어났다. 나는 이제 수업 시간의 대부분을 개별 학생과 소통하거나 모둠에서 대화를 나누는 데 사용한다. 사실 그동안 학생들은 교사와 앉아서 대화할 기회가 거의 없었다. 세계사 수업을 듣는 마이케일러 테일러는 최근 이런 이야기도 했다. "대화하면서 훨씬 더 많은 것을 배워요. 다른 수업에서는 거의 하지 않는데 말이죠." 이렇게 대화에 참여하는 능력은 수업에 보탬이 될 뿐 아니라 좀 더 개방적이고 신뢰가 있는 학습 환경을 조성해 준다.

거꾸로배움에서는 학생과 교사 사이의 소통을 넘어, 또래끼리의 토론의 가치도 강조한다. 우리 학생들은 단원 목표를 논의할 때 종종 자기들끼리 작은 스터디 모임을 만든다. 이 모임에서 나는 어떤 학생이 다른 학생을 가르쳐 주는 모습이 극적으로 증가하는 것을 지켜봐 왔다. 나는 또한 도움이 된다면 개별적으로 공부해도 된다고 학생들에게 권하기도 한다. 공부하는 방법이 모두 똑같을 수는 없기 때문에 나는 많은 아이들이 학습 과제를 혼자 해결하기를 선호한다는 사실을 존중한다. 이는 학생의 선택과 권한을 보여 주는 또 하나의 사례이다.

> 거꾸로교실에서는 다른 학생들과 협력하는 시간이 아주 많았어요. 다른 학생들이 잘 이해할 수 있도록 수업 영상을 같이 보기도 했고요.
> ― 죠슈아 알러드, 퍼트넘 고등학교 학생

거꾸로배움을 통해 학생들의 소통 능력과 표현 능력을 키우는 또 한 가지 방법은 요즘 학생들의 제2본성이라고 일컬어지는 현대 의사소통 기술을 포용하는 것이다. 디지털 미디어를 활용한 소통은 요즘 학생들에게 그다지 특별한 것이 아니다. 디지털 테크놀로지 사용이 익숙하지 않은 학생들에게도 이런 기회에 발을 들여놓음으로써 현대 사회에 필요한 역량을 개발하는 데 도움을 줄 것이다. 그 한 사례로, 학생들은 온라인 수업 영상과 관련하여 아무 때나 토론할 수 있다. 많은 교사들이 수업 영상으로 인해, 강의와 함께 진행하던 토론까지 사라지지 않을까 걱정하지만 보완할 방법이 있다. 우리 학교 학업관리 시스템에 수업 영상을 올리면, 학생들은 비디오 필기Video Noting 기능을 사용하여, 영상의 특정 지점에 의견이나 질문을 게시할 수 있다.도표 9-2 영상을 멈추면, 누구나 그 지점에 필기된 내용을 볼 수 있고 댓글을 달거나 대화를 끌어낼 수도 있다. 두 번째 예로는 '스트림 Stream'

기능을 통해 토론 마당을 정기적으로 여는 것이다.도표 9-3 이렇게 온라인 도구를 통해 학생들은 교실이라는 벽을 넘어 학문적 대화에 참여할 수 있게 된다.

도표 9-2 학생들은 비디오 필기(Video Noting) 기능을 사용하여, 영상의 특정 지점에 의견이나 질문을 게시할 수 있다.

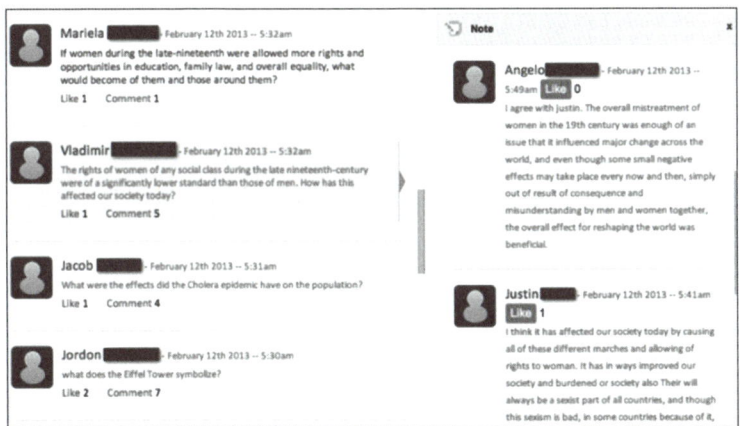

도표 9-3 학습관리시스템을 통해 학생들은 온라인 토론 마당에 참여한다.

- **능동적이고 경험적인 배움**

듀이 1916를 비롯한 많은 혁신가들이 여러 차례 강조해 왔듯이, 민주 교육을 하기 위해서는 능동적이고 경험적인 학습 환경이 필요하다. 특히 거꾸로배움에 완전 학습과 탐구 학습을 결합할 경우, 학생들은 좀 더 의미 있는 방법으로 배움을 경험할 수 있다. 예컨대, 최근 두 학생이 고출력 자동차의 기원에 대해 조사하겠다고 제안했다. 더불어 학생들은 내가 교육 목적으로 만든 것과 유사하게, 동영상을 활용하여 연구를 발표해도 되는지 물었다. 그때까지 이 학생들은 내 세계사 수업에 제대로 참여하지 않았다. 그런 학생들인데도 이 과제를 수행하고자 하는 동기가 생긴 것이다. 진짜 세상에서 경험한 주제를 선택함으로써, 학생들은 프로젝트를 자기들과 관련된 것으로 만들었다. 또한 연구 결과를 동영상으로 제시하겠다고 선택함으로써, 알게 된 것을 자신들에게 유의미한 방법으로 보여 줄 수 있었다. 그 중 한 학생인 트레비스 스트링거는 그 의미를 콕 짚어 이렇게 이야기했다. "우리가 관심 있는 것을 배우면 어떤 일이 일어나는지 한번 보실래요?"

- **지적 경험에 대한 공정한 기회 제공**

한 사회를 이루고 있는 우리의 민주적 이상은 모든 학생들이 수준 높은 교육을 경험할 수 있게 공정한 기회를 제공하는 것이다. 거꾸로배움은 좀 더 공정한 학습 환경을 만드는 데 도움을 준다. 예를 들면, 개별 학생들과 더 많은 시간을 보내면서 수업을 차별화함으로써, 기존 방식에서는 뒤처졌을 학습자에게 기회를 준다. 여러 이유로 결석한 학생들에게 수업 영상은 그 자체로 수업에 접근할 수 있는 기회를 제공한다.

> 전 강의식 수업을 듣고 있으면 가끔 집중력을 잃어요. 그런데 수업 영상은 제가 계속 집중할 수 있도록 도와주죠. 원하는 만큼 수업 영상을 멈추었다가 다시 돌려 볼 수도 있으니까요. 특히 쪽지 시험을 보기 직전에 좋아요. 가장 좋은 점은 제가 수업에 빠졌을 때 그냥 날아갔을 강의가, 다시 볼 수 있게 항상 남아 있다는 거예요.
> ― 코디 라스콜라, 퍼트넘 고등학교 학생

거꾸로배움이 배움을 더 공정하게 만드는 실질적인 이유가 또 하나 있다. 교실에서 강의 흐름을 끊던 전형적이고 일상적인 방해가 줄어든 것이다. 안내 방송, 소방 훈련, 전화 소리, 아니면 가장 흥미로운 시간에도 쉽게 집중력을 잃고 쉴 새 없이 떠드는 학생들에 이르기까지, 교실에서 시간을 보내 본 사람이라면 누구나 상황을 짐작할 수 있을 것이다. 원인이 무엇이든, 이 문제는 공정성과 관련된 진짜 딜레마이다. 전체를 대상으로 한 전달식 강의에서 이런 방해는 학생들에게서 소중한 배움의 시간을 앗아가 버린다. 이런 방해 때문에 학생들이 교육 기회를 놓치는 것은 한마디로 불공정한 일이다. 온라인에 수업 영상을 보관하는 것은, 아무 때나 배울 수 있을 뿐 아니라 이런 염려에도 대처할 수 있다.

제가 거꾸로배움에서 제일 좋아하는 부분은 정보를 어디서 찾을지 수많은 선택이 가능하다는 거예요. 다른 수업에서 제가 가진 거라곤 책과 바로 사라져 버리는 강의밖에 없거든요. 우리 거꾸로교실에서는 절대로 그렇지 않아요. 정보를 수업 영상, 참고서, 유인물, 교과서에서 찾을 수 있고, 우리가 필요하면 언제라도 인터넷으로 검색할 수도 있어요.
— 마이켈일러 테일러, 퍼트넘 고등학교 학생

- **배움에 대한 주도권과 주인의식**

민주주의 시민 이론, 특히 책임감 있는 개별 시민에게 초점을 둔 이론의 경우, 개인의 주도권 계발을 강조한다. 거꾸로배움 환경은 보다 학생 중심적이기 때문에, 개인의 주도권과 자율 학습이 필수 요소이다. 교사들은 대부분 학생들에게 많은 권한을 주기를 꺼리는데, 그 이유는 학생들이 자유를 감당하지 못하고, 효과적으로 공부할 만큼 충분한 책임의식을 가지고 있지 않다고 여기기 때문이다. 이 같은 관점에 답하자면 이렇다. 가령 이런 환경에서 배울 때 꼭 필요한 능력이 학생들에게 없다면, 바로 그 능력을 키우도록 돕는 것이 우리의 역할이다. 이런 능력이 모두에게 꼭 필요하다는 점을 강조하기 위해, 나는 단원마다 메타인지적 학습 목표를 포함시켜 왔다. 여기서 학생들은 목표를 세우고, 학습 상황을 살피며, 장단기적으로 성찰하게 된다. 배움 일지 daily learning journal와 단원 목표 정리표를 이용하여, 학생들은 매일의 학습 과정을 관리하고, 함께 만드는 웹페이지 wikis를 통해 서로 되돌아보며 각 단원의 목표를 설정한다. 결국 교육자들이 이와 같은 능력을 향상할 수 있도록 안내해 주지 않는다면, 학생들은 결코 이 능력을 계발할 수 없을 것이다.

- 비판적 사고와 협력적 문제 해결하기

민주주의의 진정한 본질은 시민들의 비판적 사고와 협력적 문제 해결을 필요로 한다. 우리 수업에서는 학생들이 협력할 수 있는 기회를 확대하고, 탐구 기반 학습 환경으로 바꿈으로써 이러한 능력을 촉진하고 있다. 기존 수업에서 교사는 마치 모든 지식을 소유한 사람처럼 여겨졌다. 1세기 전이었다면 그럴 수도 있겠지만, 지금 세상에 정보는 도처에 널려 있다. 교사의 교과 지식은 가치 있는 자원이지만, 많은 자원 가운데 하나일 뿐이다. 거꾸로배움은 학생들이 서로가 서로를 자원으로 활용하며, 학습 과제를 협력적으로 해결하도록 한다. 한 예로, 탐구 기반 학습에서 학생들은 실시간으로 협력하기 위해 구글 문서도구와 구글 행아웃을 활용한다. 이렇게 기술이 계속 발전한다면, 학생들은 온라인상의 풍부한 경험을 통해 협력할 기회를 더 많이 갖게 되리라고 확신한다.

비판적 사고에 중점을 두고 있는 또 하나의 사례는 '20% 시간20% Time'의 적용이다. 비교적 새로운 개념인 '20% 시간'은 학생들의 비판적이고 창의적인 사고에 내재적 동기가 얼마나 중대한 역할을 하는지를 강조한 연구에 기반하고 있다.핑크, Pink, 2009 간단히 설명하면, 수업 시간의 20%를 학생들이 개인적으로 열정을 가진 프로젝트에 자유롭게 사용할 수 있도록 할애하는 것이다. 우리는 비록 '20% 시간'을 적용한 초기 단계에 있지만, 이 개념은 거꾸로배움 원리들과 점차 늘어난 우리 수업의 민주적인 특성을 함께 보완해 주고 있다.

저는 거꾸로교실이 배움에 대한 책임을 학생들에게 옮겨 놓음으로써, 학생들이 배움에 대해 눈뜨게 되었다고 생각해요. 기준을 정하고 공부하는 접근법은 학생들이 자기 속도에 맞추어 자유롭게 공부하고, 자신들의 흥미를 불러일으키는 주제를 더 철저히 파고들면서, 단원을 완전히 이해할 수 있는 기회를 마련해 줍니다. 따라서 학생들은 자신만의 특별한 배움을 경험하게 되죠. 끝으로 다양하고 자유로우며 믿을 만한 평가 방법을 통해 자신이 배운 지식을 어떻게 드러낼지 결정할 수 있는 권한을 얻습니다. 이제 곧 교육계에 발을 담그게 될 저도 수업에서 거꾸로배움을 활용할 생각에 흥분됩니다.

— 제프리 루스, 전 퍼트남 고등학교 세계사 동료 교사

∴ 거꾸로배움과 민주 교육 연구

우리 수업에서 이러한 변화를 목격했음에도, 나는 전국에 있는 다른 거꾸로교실에서도 비슷한 변화들이 일어나고 있는지 알고 싶었다. 대학원 연구의 일환으로, 다양한 교실 환경에서 거꾸로배움이 어느 정도까지 교실을 민주화했는지 학생과 교사에게 설문해 보았다. 8개 학군의 학생 228명과 전국 각지에 있는 교사 28명이 설문에 응해 주었다.

아래 나열한 조사 결과에서 볼 수 있듯이, 거꾸로배움이 여러 가지 면에서 교육을 민주화한다는 주장에 압도적인 지지를 보였다. 민주 교육이라는 개념 자체가 다소 모호하기 때문에, 이 질문을 직접적으로 묻는 경우는 없었다. 하지만 나타난 응답은 민주 교육의 공통 요소들과 확실히 일치한다.

학생 설문 결과

거꾸로배움과 민주 교육

- 77% 수업 시간에 교사와 더 자주 긍정적인 상호작용을 한다.
- 79% 수업 시간에 또래들과 더 자주 긍정적인 상호작용을 한다.
- 80% 수업 자료와 강의를 접할 기회가 훨씬 많아졌다.
- 80% 자기 속도에 맞게 공부할 기회가 더 많아졌다.

- 70% 어떤 활동에 참여할지 선택 기회가 더 많아진 것 같다.
- 77% 배운 것을 보여 줄 수 있는 방법을 더 다양하게 선택할 수 있다.
- 66% 또래들과 함께 공동 의사 결정에 참여할 기회가 더 많아진 것 같다.
- 70% 비판적 사고와 문제 해결에 참여할 기회가 더 많아진 것 같다.
- 69% 교사가 학생들의 능력과 흥미를 좀 더 고려하게 된 것 같다.
- 82% 배움은 더 능동적이고 경험적인 것이라고 생각한다.

(8개 학군 학생 228명의 응답 결과)

교사 설문 결과

거꾸로배움과 민주 교육

- 96% 학생들과의 긍정적인 상호작용이 증가했다고 응답했다.
- 86% 학생 간 긍정적인 상호작용이 증가했다고 응답했다.
- 93% 학생들이 수업 자료와 수업 영상을 이용하기가 훨씬 더 수월해졌다고 응답했다.
- 96% 학습 활동에 있어서 학생들에게 더 많은 선택권이 생겼다고 응답했다.
- 75% 발표 방식에 있어서 학생들에게 더 많은 선택권이 생겼다고 응답했다.
- 83% 학생들이 협력적 의사 결정에 더 많이 참여하게 되었다고 응답했다.
- 92% 학생들이 비판적 사고와 문제 해결에 더 참여하게 되었다고 응답했다.
- 96% 수업이 더 차별화되고 개별화되었다고 응답했다.
- 100% 배움이 더 능동적이고 경험적인 것이 되었다고 응답했다.

(미국 전 학군 교사 28명의 응답 결과)

진화하는 접근법

우리 수업에서 배움에 대한 민주적인 성격이 점점 강해지면서 나는 용기를 얻었다. 하지만 내 수업 방식이 발전함에 따라 고려해야 할 점들도 여전히 남아 있었다. 첫째, 우리 반은 학생들에게 자신들의 배움에 대해 더 많은 권한을 부여하기 때문에, 학생들이 자율적으로 학습 능력을 계발할 수 있도록 훨씬 더 많은 노력을 기울여야 한다. 그러기 위해서 나는 효과적인 지침과 학습 구조, 그리고 피드백을 정기적으로 제공해야 한다. 둘째, 중요한 개념이나 논쟁적인 이슈에 대해 학생들이 큰 그룹에서 토론할 수 있도록 의미 있는 기회를 보장해야 한다. 학습 경험을 개별화하는 것도 중요하지만, 시민 담론에 효과적으로 참여하는 데 꼭 필요한 시민으로서의 능력을 계발하는 일도 간과해서는 안 된다.

교육자로서 내 역할은 무엇인가? 지금 세상에서 성공하기 위해 학생들에게는 어떤 지식과 능력이 필요한가? 교육자로서 내가 기여할 수 있는 자질은 무엇이 있는가? 지금 여기서 어디로 갈 것인가? 이러한 질문들은 우리 모두가 늘 자문하고 성찰해 온 물음들이다. 다행스럽게도 나는 거꾸로배움을 통해, 이런 중요한 질문에 끊임없이 답하려고 애쓰는 열정적인 교사들의 거대한 네트워크에 참여할 수 있었다.

거꾸로배움 개념으로 이끄는 원칙들이 있지만, 우리는 이 원칙들을 우리의 특정한 관심이나 능력, 목적에 맞추어 활용할 수 있다. 이

것이 이 운동에서 정말 흥분되는 측면이다. 전 세계에 있는 교육자들이 기술을 도구 삼아 기존 교실 환경에서는 결코 가능하지 않았던 교육 방법과 수업 실천을 실험하고 있는 것이다.

개인적으로 나는 우리가 살고 있는 21세기의 민주주의를 반영한 학습 환경을 만들기 위해 노력하면서, 학생들이 서로 연결된 현대 사회에서 성공할 수 있도록 준비시키는 것을 목표로 한다. 우리가 알고 있듯이, 교육의 본질은 중대하게 바뀌고 있다. 교사이자 사랑스런 두 아이의 아버지로서, 나는 이 변화의 중심에 있는 이해 당사자이기도 하다. 따라서 지금 이 시대가 보여 주는 전망과 가능성을 최대한 실현하도록 하는 것이 내 임무이다. 이러한 목적을 공유하며 전 세계에서 열정을 바치고 있는 수많은 교육자들과 함께 그 노력에 동참할 수 있게 된 것을 영광으로 여긴다.

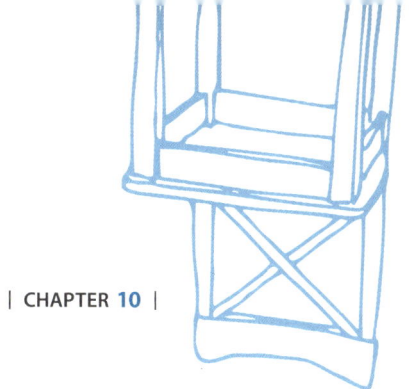

| CHAPTER 10 |

영어는 거꾸로교실 최고의 과목

에이프릴 구덴라스의 이야기

궁금증이 많은 교사들은 거꾸로교실을 어떻게 시작하면 되는지 묻는다. 콜로라도 주, 콜로라도 스프링스 시의 한 고등학교에서 영어를 가르치는 에이프릴은 실제 거꾸로교실을 견학하고 나서, 곧바로 뛰어들었다. 이 장에서 에이프릴은 교사들이 거꾸로배움을 활용하고 싶어 하는 이유에 대해 몇 가지 기본 원리를 설명하고, 거꾸로교실을 시작하는 방법에 대해 소개할 것이다. 그녀는 학생들과 함께 하는 수업 시간 활용 방법을 깊은 성찰을 통해 완전히 바꾸었다.

내 인생은 한 번의 견학으로 바뀌었다. 상투적으로 들리겠지만 사실이다. 우리 학군에서 진행하는 교육 기술 간부 연수의 일환으로 내게 제안이 들어왔다. 우드랜드 파크로 가는 산 속에 머물면서, 몇몇 교사들이 교육을 다른 관점으로 보며 '거꾸로교실 모델'이라는 것을 하고 있으니, 그들과 대화를 나누고 올 생각이 없느냐는 제안이었다. 처음에는 수업 결손 대체 계획을 짜야 한다는 생각에 거절하고 싶었지만, 지금은 다녀오기를 잘 했다고 생각한다. 수업 결손을 어떻게 대체하기로 했는지는 기억도 나지 않지만, 견학에서 배운 교훈을 통해 나는 내 교육 방법을 영원히 뒤바꿔 놓은 혁신적인 길을 걷게 되었다.

3년 남짓한, 비교적 짧은 경험의 신입 교사이지만 나는 이미 많은 교사들이 직면하고 있는 여러 문제에 부딪혔다. 학생들은 학습 동기가 부족했고, 책임감도 없었으며, 너무 많았다. 교육과정에 따라 가르쳐야 할 내용은 많은데, 시간은 턱없이 부족했다. 기업에서 근무하고 대학 강사 경험이 있는 나로서는 이런 장애물이 실망스러우면서도 동시에 개인적으로 극복해야 할 과제로 여겨졌다. 우드랜드 파크에서 가르치는 존 버그만과 애론 샘즈는 "학생들과 마주하는 수업 시간을 가장 잘 사용하는 방법은 무엇인가?"라는 아주 단순한 질문을 우리와 나누었다. 내게는 교육적 주문呪文이 되어 지금까지 사용하고 있는 이 질문에 답하면서, 나는 경이로운 여정을 떠나게 되었다.

존과 애론의 교실에 들어갔을 때, 나는 큰 충격을 받았다. 혼돈 상태의 교실을 보자마자 바로 반해 버린 것이다. 학생들은 스스로 해야 할 일들을 하고 있었고, 자기 수준에 맞는 학습에 참여하고 있었다. 교사는 교실을 돌아다니며 학생 한 명 한 명과 대화를 나누었고, 학생들의 질문에 답할 뿐 아니라 자유롭게 질문을 하기도 했다. 학생들은 자기 속도에 맞춰, 타고난 방식대로 배워 나가고 있었기 때문에 학습 동기를 가지고 있었다. 교사들은 교실을 돌아다니며 모든 학생들과 소통할 수 있었기 때문에, 학생들에게는 고유한 책임이 있었다. 이러한 교실 모습을 지켜보면서 나는 수업에 활기를 불어넣을 희망의 빛을 얻었다.

∴ 왜 거꾸로교실인가

존과 애론을 방문하고 나서, 나는 그들이 모든 사람에게 하지 말라고 당부한 것, 즉 하루아침에 수업 방식을 몽땅 바꾸는 일을 시작했다. 그동안 수업 시간을 어떻게 사용해 왔는지 돌아보며 재검토에 들어갔고, 곧바로 완전학습 개념을 우리 교실에 적용했다. 솔직히, 나는 그해에 살아남은 것만으로도 놀라웠다. 변화는 엄청났고, 야심만으로 수업을 뒤집는 동시에 완전학습이나 성취 기준 기반 평가 Standards-

Based Grading 같은 방식으로 한꺼번에 바꾸려고 한 것은 한마디로 정신 나간 짓이었다. 그러나 이렇게 교육 방법을 변화시키면서, 나는 우리 학군에서 더 큰 움직임을 만들 수 있었다. 우리 고등학교에서 중등교육을 위한 성취 기준 기반 평가 제도를 시행할 수 있었을 뿐 아니라, 전체 학군에 있는 고등학교 가운데 읽기와 쓰기 영역에서 확실히 높은 점수를 얻게 되었다. 콜로라도 교육부, 2012

이듬해, 내게는 좀 더 구체적인 방향이 필요했다. 지난 수업을 되돌아보니, 내 결정을 잘 이끌어 줄 수 있는 자료가 필요했던 것이다. 당시 나는 '단 하나의 질문'에 대한 답을 찾기 위해 연구를 시작했다. 다행스럽게도, 나는 구체적인 목표를 설정하고 나를 이끌어 줄 만한 세 가지 자료를 찾을 수 있었다. 이 자료들로 우리 교실과 내 수업 방법은 근원적으로 바뀌었다.

- 보이는 배움

첫 번째 자료는 존 해티John Hattie의 『보이는 배움Visible Learning』 Routledge, 2009이다. 이 자료는 거꾸로교실이 학생들에게 최고의 학습 환경을 마련해 줄 것이라는 내 직감을 단독으로 입증해 주었다. 해티의 '취학아동의 학업 성취도에 영향을 미치는 요인에 관한 연구'는 800건 이상의 메타 분석과 50만 건의 사례 연구, 2억 명이 넘는 학생들을 대상으로 이루어졌다.

그는 초기 연구 결과를 통해, 학생들의 배움에 영향을 주기 위해서는 수업 전략이 학생들의 학업 성취도를 40%효과 지수 0.4 정도 향상시켜야 한다고 밝혔다.Hattie, 1999 학생의 학업 성취도에 영향을 미치는 변인을 도표 10-1에 순서대로 나열했다.

도표 10-1 학생 학업 성취도에 영향을 주는 변인들

변인	학업 성취도에 미치는 영향 (%)
학생	50
교사	30
가정	5-10
학교	5-10
동료 효과	5-10
학교장	'학교' 변인에 이미 포함되어 의미 없는 값으로 나옴

출처 : 해티, 2003

보다시피, 학생들의 학업 성취도에 가장 큰 영향을 미치는 것은, 원인이 내부에 있든 외부에 있든 학생 본인이다. 해티는 여기서 한발 더 나아가 학생의 학업 성취도에 가장 큰 영향을 미친 요인들을 분리하고, 각각의 요인에 영향을 미치는 원천과 연결시켰다.도표 10-2

도표 10-2에서 분명히 보여 주듯이, 영향을 미치는 상위 20가지

도표 10-2 학생 학업 성취도에 영향을 주는 요인과 효과 지수

학업 성취도에 영향을 주는 요인	효과 지수	영향력의 원천
피드백	1.13	교사
학생들의 사전 인지 능력	1.04	학생
수업의 질	1.00	교사
직접 교수법	0.82	교사
개선/피드백	0.65	교사
학생들의 학습 성향	0.61	학생
수업 환경	0.56	교사
도전 목표	0.52	교사
또래학습	0.50	교사
완전학습	0.50	교사
부모 참여도	0.46	가정
과제	0.43	교사
교사 성향	0.42	교사
질문하기	0.41	교사
또래 영향	0.38	동료학생
사전 학습지	0.37	교사
모의 실험과 게임	0.34	교사
컴퓨터 활용 교육	0.31	교사
시험	0.30	교사
교육 매체	0.30	교사

출처 : 해티, 2003

요인 중 4가지를 제외하고 모두 교사가 영향력의 원천이다. 이 모든 것은 무엇을 뜻할까? 이는 교육자로서 우리에게 필요한 것은 더 현명하게 하는 것이지, 더 열심히 하는 것이 아니라는 의미이다. 만약 우리가 학생들의 학업 성취도에 가장 큰 영향을 미치는 요인에 집중하고 있다면, 아이들에게 최선을 다 하고 있는 것이다. 나는 상위 20가지 변인들을 살펴보면서, 이러한 것들을 잘 수행하고, 학생들의 성공을 돕기 위해서는 수업 시간이 더 필요하다는 것을 알았다. 좀 더 많은 시간을 갖기 위해, 나는 교육 방법과 수업 방법을 검토하며, 필요한 시간을 만들어 낼 필요가 있었다.

- **작문의 미래**

내 교육 방법을 변화시키는 데 중요한 역할을 한, 두 번째 자료는 「작문의 미래Writing Next」 보고서 그래햄과 페린, 2007; Graham & Perin, 2007 였다. 「작문의 미래」에서 나는 거꾸로교실의 개념을 뒷받침해 줄 수 있는 더 많은 자료를 찾았다. 보고서에서는 학생들이 더 나은 작가가 되려면, 글쓰기의 여러 단계에 전략을 끌어들이는 한 과정으로 작문을 바라 볼 필요가 있다고 언급하고 있다. 내용 전개를 위해서는 질문법을 활용하고, 다양한 모델을 공부할 기회도 필요하다. 이러한 활동을 성공적으로 이끌려면, 목적이 분명한 수업 방식과 수업 시간이 있어야 한다. 이 자료를 통해 나는 수업 시간과 목적을 재조명해야 할 다른 근거를 마련하게 되었다.

- **읽기의 미래**

나를 이끌어 준 세 번째 자료는 「읽기의 미래Reading Next」 보고서 비안카로사와 스노우, 2006: Biancarosa & Snow, 2006였다. 이 보고서는 쓰기 대신 읽기에 초점을 맞추었고, 중학교와 고등학교에서 읽고 쓰는 능력을 키우는 15가지 방법을 추천하고 있다. 다음에 나열한 6가지 추천 사항은 「읽기의 미래」에 수록된 방법들 가운데 우리 교실 수업에서 가장 큰 효과를 나타낸 것들이다.

직접적이고 명시적인 이해력 교육은 읽기 능력이 능숙한 학생들에게 자기가 읽는 것을 이해하도록 사용하는 전략으로, 요약하기, 생각의 흐름 추적하기, 그리고 여러 다른 연습 방법을 포함하고 있다.

동기 부여와 자기 주도적 학습은 학생들에게 읽고 배우고자 하는 동기를 마련해 주고, 졸업 후 주체적으로 학습하는 데 필요한 교육과 지원을 제공한다.

전략적으로 가르치기는 학생들에게 필요할 경우, 개별적으로 읽고 쓰기에 집중하거나 수업 내용을 강화한다.

많이 쓰기는 고등학교나 그 이후에 제대로 수행해야 하는 글쓰기 작업과 관련된 교육을 포함하고 있다.

테크놀로지 구성 요소는 읽고 쓰기 교육의 한 주제이자 도구로 테크놀로지를 포함한다.

학생들에 대한 지속적인 형성 평가는 현재 교육 활동을 통해 학생들이 얼마나 발전하고 있는지 알아보는 일상 평가로, 거의 날마다 이루어진다.

앞서 언급한 세 자료 가운데 어느 하나만 있었어도, 나는 내 수업을 심각하다고 평가했을 것이다. 그런데 세 가지를 같이 놓고 보니, 결코 무시할 수가 없었고, 무언가 즉각 행동을 취해야만 할 것 같았다. 물론 내가 마주한 변화는 많이들 그냥 포기하고 싶을 만큼 엄청나서 위압적으로 느껴질 때도 있었다. 그러나 나는 여러분에게 '천 리 길도 한 걸음부터'라는 중국 속담을 기억하며, 작은 것부터 시작하라고 용기를 주고 싶다.

∵ 어디서 시작할까? 변화를 일으키는 3단계

앞서 말한 바와 같이, 내가 거꾸로 모델을 알게 된 것은 공립학교 교사가 되고 비교적 신규 때였다. 고등학교에서 영어를 가르치는 일은 내 꿈이었지만, 거기서 출발하지는 않았다. 내 경력은 기술 분야에서 시작되었고, 따라서 거꾸로배움 모델의 기술적 측면에는 이미 정통해 있었다. 나는 새로운 기술을 찾거나 가지고 놀 때 단 한 번도 어려움을 겪은 적이 없다. 나는 마치 기술과 유선으로 연결되어 있는 것 같았다. 그러나 많은 이들에게 기술은 가장 넘어서기 어려운 장애물이다. 그래서 나는 모든 사람들이 분명히 알고 있으면서도 애써 무시하는 이 문제를 받아들일 수 있도록, 먼저 기술에 대해 이야기하고 싶다.

교실에서 기술을 사용하는 것에 대해 많은 영어 교사들이 주저하는 것 같다. 학생들이 디지털로 놀고 있는 동안, 우리는 여전히 종이 인쇄물을 부여잡고 있다. 나는 이런 현상이 우리 분야의 특성 때문이라고 생각한다. 우리는 앞에 놓인 교과서를 읽고, 그 여백에 주석을 달고, 우리의 생각을 작문 책에 직접 손으로 쓰는 데 익숙하다. 이것이 우리가 학생 때부터 교육 받으며 배운 방식이다. 그러나 우리 학생들이 교실을 바라보는 방식은 아니다. 어떤 교사들은 교실에 기술을 결합시키는 이러한 변화를 위압적으로 느끼겠지만, 학생들은 환영할 것이다. 그러니 어디서 시작해야 할까? 나는 학생들과 함께 하기에 앞서, 일단 교사 스스로 기술을 탐색하고 이용해 보는 시간을 통해, 작지만 감당할 수 있는 변화를 끌어내는 데 도움을 줄 3단계를 제안한다.

- **1단계 : 반복하는 것을 제거하라**

가장 쉬우면서도 효과가 있는 시작 방법은 반복하는 것을 없애는 것이다. 나는 교실에서 되풀이해 온 두 가지 사례를 소개하며, 거꾸로 교실 모델을 이용해 어떻게 그 문제에 대처하고, 귀중한 교육 시간을 얻게 되었는지 설명하겠다.

반복 사례 1 : MLA*보고서 서식 기준

영어 교사로서 나는 학생들에게 올바른 과제물 작성법을 알려 주기 위해 매일, 매주, 매달 그리고 해마다 대단히 많은 시간을 쏟아왔다. 아마도 이 간단한 개념을 가르치는 데 주마다 수업 당 5분 정도는 사용해 왔다고 장담한다. 마감일을 넘긴 보고서는 말할 것도 없고, 보고서가 늦어지는 유일한 이유는 학생들이 작성법을 모르기 때문이었다. 바로 이것을 맨 처음 거꾸로교실로 뒤집어 보았다. 학생들이 MLA 보고서 서식 기준에 따라 과제물을 작성할 수 있도록 간단한 동영상을 만들어, 이 양식을 어떻게 워드 프로세서 문서 안에 설정하는지를 설명했다. 그리고 나서 나의 웹사이트에 동영상을 올렸다.

---

* MLA(Modern Language Association) 보고서 서식 기준은 주로 영어나 문학 같은 인문 분야에 주로 쓰이는 보고서, 논문 서식과 참고문헌 인용에 대한 표기 기준을 말한다.

지금은 MLA 기준을 먼저 수업 시간에 소개한 다음, 동영상을 참조하도록 하고 있다. 만약 학생들이 계속 서식을 잘못 이해하면, 나는 동영상을 다시 보라고 지시하고, 그 기준을 나에게 간단히 요약해 달라고 한다. 그런 다음, 앞으로 자신이 쓸 모든 보고서에 사용할 템플릿을 만들게 한다. 지금 학생들은 24시간 내내 정확한 출처에 접근할 수 있다. 이런 간단한 단계를 거치면서, 나는 질 높은 교육에 사용할 수 있는 180분5분×36주을 되찾았다. 이제 나는 학생들이 배우고 얻은 정보를 스스로 책임질 수 있기를 기다리고 있다.

반복 사례 2 : 학급운영 방식과 방향

학급운영 방식과 방향에 대해 살펴보고 끊임없이 말하는 것이 수업에서 내가 두 번째로 많이 반복하는 일이었다. 나는 학급운영의 방향을 가정통신문으로 보내 학생과 학부모들이 모두 서명하도록 해왔다. 그러나 새 학기가 시작되면 어쩔 수 없이 기한을 넘긴 과제물에 대한 방침이나 마감일, 작문 과제물에 대한 목표치 등 이미 제시한 내용에 대해 토론하느라 엄청난 시간을 쏟아야 했다. 학생들은 셀 수도 없을 만큼 수업 중간에 끼어들어 기한을 넘긴 과제에 대해 물었다.자기가 무엇을 빼먹었다든지, 과제 제출은 언제까지 해야 하는지 등등 개인적인 문제일 수도 있겠지만 다른 많은 교사들도 이런 경험을 하겠다는 생각이 든다. 그래서 나는 여러 학급운영 요소를 가지고 몇 가지 주제로 동영상을 만들었다. 지금은 가정통신문만 보내지 않고, 학생과 학부모가 관련 동영상을 보고 전자 서명까지 하도록 당부한다. 그러고 나서 학생들은 퀴즈도 풀어야 하는데, 퀴즈 점수는 성적에 포함된다. 이렇게 나는 배움에 대한 책임감을 나에게서 원래 배움의 주인인 학생들에게로 옮기고 있다.

- **2단계 : 수업 시간 사용 방식을 검토하라**

많은 인문 교과 교사들에게 가장 큰 장애물은 거꾸로배움을 교과에 어떻게 적용할지 모른다는 점이다. 그러나 나는 이 장애물을 장벽으로 보지 않았다. 나와 우리 학생들은 이 장애물을 거꾸로배움을 하기 위한 하나의 도전 과제로 본 것이다.

다른 모든 교사들처럼, 나도 '단 하나의 질문'으로 시작했다. "수업 시간을 최선으로 사용하는 방법은 무엇인가?" 나는 고등학교 1학년에게 미국 문학을 가르치면서, 내가 수업 시간을 어떻게 사용하는지 살펴보았다. 작품의 시대적 배경, 작가 약력, 그리고 작가의 스타일에 대한 정보를 설명하는 데 너무 많은 시간을 사용하고 있었다. 나는 수업 내용을 동영상에 담아서 학생들이 자기 속도에 맞추어 배울 수 있게 했다. 학생들은 한 번에 이해하기도 했고, 다시 돌려보기도 했다. 동영상 형식의 강의여서, 학생들은 언제든 필요하면 다시 돌려보았다. 나는 모든 새로운 작가나 장르에 대해 조사하여 수업 영상 시리즈를 만들었다.

예를 들어, 우리가 배우는 작품 중 어니스트 허밍웨이의 『노인과 바다』가 있는데, 이 작품과 작가에 대한 수업 영상에는 다음과 같은 내용이 담겨 있다.

- 작가가 이 작품을 쓴 시점의 역사적 배경
- 이 작품에 담긴 이슈와 주제에 초점을 맞춘 작가 약력
- 작가의 저작 기술과 스타일
- 작품에 나타난 주제와 모티브

이러한 형식은 우리가 다루는 각기 다른 새로운 주제에도 잘 들어맞았다. 학생들은 가장 편한 시간에 자신의 속도에 맞추어 배울 수 있었다. 다른 수업에도 이 방법을 적용해 보고 나서, 나는 자세히 읽기와 주석 달기에 대한 수업 영상을 추가했다. 수업 전에 수업 영상을 보고 오면서, 학생들은 문학 작품에 접근하는 틀을 갖게 되었다. 학생들은 교실에서 함께 토론하고 배울 수 있는 중요한 질문들을 수업에 가져올 수 있었다.

최근 나는 훨씬 더 의욕을 가지게 되었다. 우리 학교에서는 지금 새로운 문법 과정을 운영하고 있는데, 나는 문법에 대한 정의와 개념들을 정리하여 수업 영상을 만들었다. 이렇게 함으로써 교실에서 문법을 다룰 때, 수업 영상으로 간단하게 정의 내리고, 이어 작문 시간에 문법을 응용하여 깊이 다루게 되었다.

- **3단계 : 피드백 방법을 평가하라**

    시의적절하고 효과적인 피드백은 학생 학업 성취도에 지대한 영향을 미칠 수 있다. 피드백은 내가 교실에서 두 번째로 뒤집은 것인데, 학생들에게 긍정적인 의견과 개선에 대한 가장 많은 조언을 들었다. 30분 넘게 학생들의 작문 과제물을 살펴보며 수정하고 사려 깊은 조언까지 써 주었는데, 그 과제물이 재활용수거통이나 심지어 쓰레기통에 들어가 있는 것을 볼 때의 그 속상함이란, 교사라면 누구나 알고 있을 것이다. 「작문의 미래」 보고서에서 제시한 추천 방법들을 되짚어보면서, 나는 작문 과정을 단계별로 세분화하여 학생들이 정식으로 과제물을 작성할 때 따라하게 만들어야겠다고 마음먹었다.

작문의 10단계

1. 노트를 다시 보며 지지할 만하고 흥미로운 주제문을 찾아 스스로에게 물어보자. "이 주제문은 의도한 바에 적합한가?"
2. 여러분의 극단적인 생각을 지지해 주는 분명하고 강력한 논거가 있는가?
3. 핵심 단어로 개요를 작성하고 선생님이 요청하면 제출한다.
4. 핵심 단어로 작성한 개요를 살펴보고, 감상을 적어 선생님이 요청하면 제출한다.
5. 완전한 문장으로 개요를 작성한다.

6. 완전한 문장으로 만든 개요를 살펴보고, 감상을 적어 선생님의 안내에 따라 제출한다.
7. 대강의 초안을 쓰고, SAS Curriculum Pathways(학생들이 자신의 글을 교정받을 수 있는 무료 사이트)에서 교정한 후, 그 결과를 선생님 이메일로 보낸다.
8. 선생님과 동료 학생들이 수정한 내용을 살펴보고, 느낀 점을 적어 선생님의 안내에 따라 제출한다.
9. 최종본을 기록하여 선생님과 공유한다.
10. 기록된 것을 살펴보고 느낀 점을 적어 선생님의 안내에 따라 제출한다.

학생들은 이 과정에서 그냥 읽어 보기만 하는 게 아니라 꼼꼼히 살펴야 교사로부터 자세한 피드백을 받게 된다는 것을 알게 된다. 우리 교실에서는 각 단계가 똑같은 가중치로 채점된다.

그런데 이렇게 하려면 피드백 방식을 뒤집어야 했다. 나는 스크린 캡처 프로그램을 사용하여 내 피드백과 조언을 녹화했다. 학생들이 제출한 과제에 다소 형식적인 조언을 달아 주는 대신, 이제는 실시간으로 과제에 대해 협의한 내용을 자세히 녹화하여 준다. 어느 정도 익숙해진 후, 나는 의미 있는 조언들을 말로 피드백하는 것이 적는 것보다 쉽다는 것을 알았다. 내가 단계를 밟을 때마다 학생들도 뒤따라 밟으면서 배움에 대한 책임감은 여전히 학생들이 가지게 했다. 학생들은 내가 그들의 성공을 기꺼이 돕는 파트너라는 걸 알 수 있었다.

이런 과정들이 아주 부담스럽고 시간이 많이 드는 것처럼 보일 수도 있다. 솔직히 말하면, 처음에는 그렇다. 스스로 실수를 허용하는 여유와 시간을 가지며, 여러분과 학생들에게 최선이 되는 것을 시도해야 한다. 그리고 이런 모든 과정들이 너무 많다고 여겨진다면, 처음부터 다 하려고 하지 마라. 한 과제물만 골라서 위에 나열한 것 중 하나만 해 보라. 학생들에게 과제물에 대한 음성과 시각적인 피드백을 단 한 번만 제공한다 해도, 변화를 가져올 것이다.

거꾸로배움의 이로운 점

여러 형태의 거꾸로교실을 수업에 적용할 때 얻게 되는 많은 이로움이 있다. 기억해야 할 것은 거꾸로교실에는 단 하나의 올바른 방법이나 적용 모델만 있는 것이 아니라는 사실이다. 교사들은 본질적인 질문에 대한 자신의 대답으로 돌아가서, 바로 그 지점에서 자신들의 접근법을 개별화해야 한다. 여러분이 새로운 길로 접어드는 데 불꽃같은 자극이 되기를 바라며, 이제 나는 교실에서 학생들과 함께 경험한 몇 가지 이점을 나누려고 한다.

- 참여

나는 9학년부터 12학년까지 모든 수준에서 해 온 수업에 거꾸로교실을 적용했고, 모든 학년과 모든 수준의 수업에서 참여도가 높아졌다. 올해 학기제 수업을 하면서 나는 가장 큰 수확을 얻었다. 이번 학기에 수업을 들은 학생들은 영어 우등반에 들어가 본 적이 없고, 종종 영어를 비롯한 다른 과목 수업에서도 어려움을 겪는 아이들이었다. 학생들은 잘할 수 있었지만, 잘하려고 하지 않았다. 지금까지 이런 학생들이 수업 영상 과제와 작문 과정을 75%나 수행했다. 이들은 평소에 집에 가서 숙제를 하지 않는 학생들이었지만, 집에 가서 수업 영상을 보고, 수업에 들어와서는 본 것에 대해 이야기했다. 과제를 하고 싶은 마음이 생겼을 때, 학생들은 그냥 해내는 게 아니라 기대를 뛰어넘었다.

- 성장

좋은 교사에게 교실에서 질 높은 수업을 할 수 있는 더 많은 시간을 주면, 항상 좋은 결과를 낳는다. 나는 우리 학생들이 점수뿐 아니라 비판적 사고력과 글쓰기 능력이 향상되는 것을 보고, 성장하고 있다는 것을 알았다.

이런 성장을 보여 주기 위해, 우리 학생 중 한 명이 파트리크 쥐스킨트Patrick Suskind의 소설 『향수Perfume』에 대해 쓴 주제문 초안을 사례로 담았다.

그르누이Grenouille의 관점은 독자들에게 삶 속에서 관계를 이해하는 새로운 본질을 제공함으로써, 사람들이 어떻게 비춰질 수 있는지에 대한 새로운 시각을 제시한다.

교실이나 동영상을 통해 작문 과정과 일대일 작문 토론을 거친 후, 학생이 제출한 최종 주제문은 다음과 같다.

쥐스킨트의 관점은 사회적 패러다임의 주변에서 새롭게 자아를 만들며 중심으로 이동해 가는 그르누이의 여정으로 구성되어 있다. 이 여정에서 작가는 완벽함에 이르고자 하는 인류의 무능을 보여 줌으로써 반전을 일으킨다.

지금, 이 사례는 완벽하지는 않지만 학생의 성장을 뚜렷하게 보여 준다. 또한 지난 2년간 내가 지켜본 학생의 주제문 중 가장 잘 쓴 글이기도 하다. 이러한 성장은 단지 수업을 뒤집으면서 일어났다. 거꾸로교실을 하면서 더 많은 시간이 생겼기 때문에, 학생들과 소통하고 총괄 평가뿐 아니라 형성 과정에서 피드백을 줄 수 있었으며 신뢰 관계도 쌓을 수 있었다.

• **학업 성취 능력**

나는 일부러 시험 성적에 관한 논의를 이 장의 마지막까지 남겨 놓았다. 가르침의 핵심이 시험 성적이 되어서는 안 된다고 생각하기 때문이다. 성적 향상은 좋은 가르침의 자연스러운 부산물이다. 그러나 누군가 "거꾸로교실이 시험 성적에 변화를 가져왔나요?"라고 묻는다면, 나는 열광적으로 "예"라고 답할 것이다. 나는 어느 때보다 교실에 있는 것이 신이 난다. 내가 사랑하는 일을 가르치기 하게 되었고, 그것은 학생들도 마찬가지인 것 같다. 우리 학생들의 ACT American College Testing, 미국대학입학시험 평균 점수가 올라갔고, IB International Baccalaureate, 국제대학입학시험 언어 영역A의 평균 점수는 국제 평균 점수보다 한 단계나 높다. 그러나 학업 성취 능력 면에서 내게 가장 큰 소득은 현재 대학에 다니는 학생들이 찾아와 영어가 자신들한테 얼마나 쉬운지, 그 이유가 내가 학생들에게 작문 요령뿐 아니라, 생각하고 성찰하는 방법을 보여 주는 데 시간을 들였기 때문이라고 말해 줄 때 드러난다.

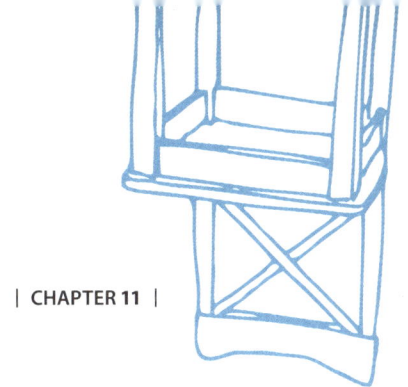

| CHAPTER 11 |

현대 교사가 되기 위한 길

스티브 켈리의 이야기

미시간 주 세인트 루이스 시에 있는 고등학교에서 수학과 과학을 가르치고 있는 스티브 켈리는 미시간 교육위원회에서 '현대 교육을 향한 그의 여정'을 발표한 이후 거꾸로 배움 레이더에 잡혔다. 그의 발표는 녹화되어 유튜브에 올라가 있다.(www.youtube.com/watch?v=bXlh8w0azXs) 그 영상에서, 그는 이렇게 말했다. "이들은 창조적인 세대입니다. … 우리 학생들은 지금 창조하고 있습니다." 이후 그는 수많은 컨퍼런스에서 발표하며, 교사들이 어떻게 창의적인 프로젝트와 활동을 수업에 끌어들일 수 있는지에 대한 그의 지식을 나누고 있다.

2009년 말 나는 1990년대 중반 이후 가르치는 방식에 어떤 의미 있는 변화도 이뤄 본 적이 없다는 것을 깨닫고 정신이 번쩍 들었다. 학생들은 학습 능률과 수업 참여도에서 급격한 하락세를 보이고 있었다. 나는 항상 내가 정말 좋은 교사라고 생각했다. 2009년 12월, 미시간 교육자 연합Network of Michigan Educators의 회원으로 초대되기 전까지는 말이다. 거기서 나는 그간 내가 교사로서 해 온 모든 것을 되돌아보게 하는 뛰어난 교사들을 만났다. 모임을 마치고 집으로 돌아오는 길에, 나는 현대적 교육자가 되기로 다짐했다. 지금 세대의 학생들에게 어떻게 동기를 부여할지, 그리고 더 큰 세상으로 나가기 위해 학생들이 갖추어야 할 능력이 무엇인지 배워야겠다고 결심한 것이다.

어떻게 하면 교실에 홀로 있는 교사가 '더 나은' 방법을 배울 수 있을까? 나는 몇 가지를 시도해 보았다.

- 수업 연구를 하는 동안 우리 교실에서 벗어나 다른 교사들의 교실로 들어가 보았다.
- 다른 교사들에게 내가 하지 않는 어떤 활동을 하는지 물었다.
- 교육에 대한 최신 책들을 닥치는 대로 읽기 시작했다.
- 다른 교사들과 협력하며, 내가 너무 소질이 없어 스스로 터득할 수 없는 새로

운 기술에 대해 겸손한 자세로 도움을 요청했다.
- 우리 교실을 보다 현대적으로 만들고 싶은 것들을 모두 목록에 적었다.

    목록은 기분 나쁠 정도로 길어지기 시작했고, 주어진 수업 일정과 수업 시간 내에 어떻게 이것을 달성할 수 있을지 눈앞이 캄캄했다. 수업 시간을 관리할 새로운 방법이 필요했다. 다행히도, 변화가 시작된 지 3개월 차에 접어들었을 때, 나는 우연히 콜로라도 주에서 열리는 거꾸로교실 컨퍼런스에 대한 이메일을 보게 되었다. 거꾸로교실에 대해 잘 알지는 못했지만, 전달식 강의는 수업 영상으로 녹화하고 기존 과제는 교실에서 한다는 정도는 알고 있었다. 아주 흥미롭게 들렸고 그래서 일단 가 보았다.

    컨퍼런스에서 두 가지 이야기를 들으며, 나는 교사로 다시 태어나기 위해서는 거꾸로교실을 해야겠다고 진심으로 받아들이게 되었다. 첫 번째는 존 버그만의 말이었다. "거꾸로교실은 수업 영상이 중요한 게 아니라, 수업 시간에 질 높은 교육과정을 제공하는 것이 핵심입니다." 두 번째로 강력한 동기를 마련해 준 것은 학생 토론단이었다. 학생들에게 거꾸로교실 방식으로 수업을 받기를 원하는 과목이 무엇인지를 묻자, 모든 학생들이 '수학!'이라고 대답했다. 그 순간, 나는 존과 애론이 해 온 모든 것을 훔쳐 우리 작은 학교에 적용해야겠다고 결심했다. 뛰어난 교육자들과 소수의 우드랜드 파크 학생들과 함께 3일을 보낸 후, 그곳을 떠날 때 내 마음은 내달리고 있었다.

나는 가을부터 학생들에게 거꾸로교실을 경험하게 해 주려고 여름 내내 준비했다. 첫 번째 공식 수업 영상을 만들기까지 나는 한 달 넘게 생각하고, 계획했다. 나는 먼저 새로 나온 전미공통교육과정 Common Core State Standards : CCSS에 따라 교육과정을 재구성해야 했다. 한 해 동안 다룰 대수학Ⅱ의 전미공통교육과정을 10단원으로 나누는 데 시간이 걸렸다. 각 단원에는 다음과 같은 내용을 포함시켰다.

- 수업 영상을 보고 학생들이 필기할 수 있는 개요
- 연습 문제
- 첫 번째 활동으로 완전학습을 이루지 못한 경우를 대비한 두 번째 과제
- 각 주제에 대한 작은 프로젝트와 응용 문제
- 대안 평가로 사용할 최종 프로젝트 하나

거꾸로교실 컨퍼런스에서 모든 참석자는 영상 촬영과 비디오 편집 프로그램인 캠타시아 Camtasia 복사본을 받았고, 사용법도 배웠다. 나는 크로스컨트리 코치로서 그간 10년 넘게 우리 팀을 위해 주요 영상을 편집해 온 터라, 새로운 편집 프로그램을 사용하는 데에도 쉽게 적응할 수 있었다. 이 프로그램으로 간단하게 수업 내용과 스크린을 통해 나오는 내 모습까지 동시에 녹화할 수 있었다. 나는 내용이 전달되는 동안 학생들이 내가 가르치는 모습을 봐야 한다고 확신하는 사람이다. 실제 수업에서와 같이 학생들이 내 표정과 몸짓을 보기를 바

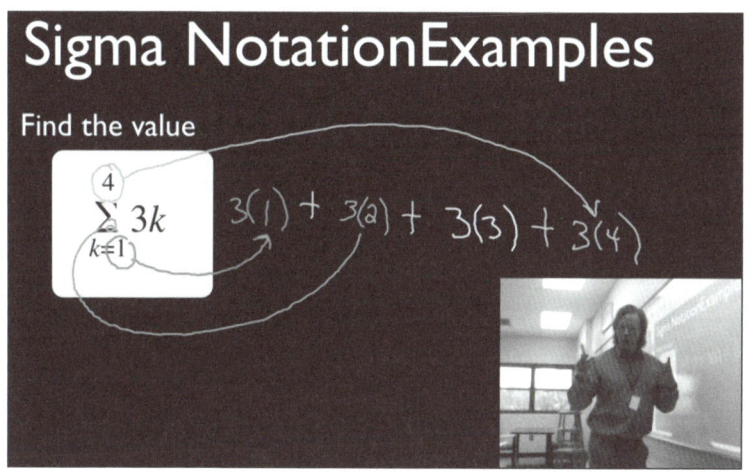

도표 11-1 수업 내용과 교사를 동시에 보여 주는 동영상 제작 소프트웨어

라기 때문이다.

처음에 나는 수업 영상을 학교 서버나 웹사이트에 올릴 수 있다고 생각했다. 그러나 저장 공간과 인터넷 접속 속도가 문제였다. 나는 유튜브 같은 무료 웹호스팅 사이트도 이용해 보려고 했지만, 학교 내에서는 대부분 차단되었다. 어떻게 학생들에게 학교에서 차단한 것을 학교 밖에서 교육을 위해 사용하라고 설명할 수 있겠는가? 결국 나는 사이트의 평판, 신뢰도 그리고 영상 제작 프로그램과의 호환성을 고려하여 스크린 캐스트Screencast.com에 모든 수업 영상을 올리게 되었다. 한 해 동안 90개가 넘는 영상을 만드는 엄청난 작업이었기 때문에, 호환성은 내 결정에 아주 중요한 요인이었다. 나중에 알게 된

사실이지만, 수업 영상을 보고, 인터넷 접속이 원활하지 않을 경우, 수업 영상을 학생들의 휴대 기기로 내려받는 데도 스크린 캐스트는 아주 편리했다.

여름이 끝나고 처음으로 거꾸로교실을 하는 날이 가까워지자, 나는 학생들이 학교 밖에서 내 수업에 접근할 수 있을지 정말 걱정스러웠다. 그런데 개학 이틀 만에 수업 영상에 접근하는 모든 문제가 해결되어 무척 놀랐다. 학생들 중 80% 이상이 집에서나 휴대 기기를 이용해서 인터넷에 접속할 수 있었던 것이다. 인터넷에 접속할 수 없는 학생들은 학교 컴퓨터에서 수업 영상을 시청하거나 내 수업 DVD를 빌려가 집에서 보기도 했다. 나는 또한 한 학기 수업 영상을 모두 DVD로 만들어 학생들이 집에 가서 시청할 수 있게 했다. 이 방법은 컴퓨터는 있지만 인터넷 속도가 느리거나 접속이 안 되는 학생들에게 정말 도움이 되었다.

거꾸로교실은 선생님들이 기꺼이 투자하는 시간만큼 효과를 낼 거예요.
— 크리스, 고등학교 미적분반 학생

거꾸로교실 기본형으로 첫 한 해를 지내면서, 나는 새로 발견한 수업 시간들로 인해 무척 기뻤다. 그간의 관찰을 통해 발견한 활동들을 해 보고, 공부할 책 목록을 파고들 기회가 생긴 것이다. 거꾸로교실을 하는 다른 교사들과 대화를 나누면서, 나는 일단 거꾸로교실을 받아들이면 거기서 훨씬 더 나아갈 수 있다는 것을 깨달았다. 그 후 나는 거꾸로교실에서 거꾸로배움으로 옮겨 갔다.

∵ 학생 학업 평가

거꾸로배움에서 학생 평가를 어떻게 할 것인지를 곰곰이 생각해 보면서, 나는 세 가지 핵심 요소를 발견했다.

- 프로젝트와 활동들
- 대화로 확인하기(형성 평가)
- 기존 총괄 평가

- **프로젝트와 활동들**

거꾸로교실을 하면서 나는 예전 같으면 진도를 맞추느라 바빠서 그냥 넘어가야 했던 상위 단계의 사고력과 디지털 시대에 맞는 프로젝트들을 다시 도입할 수 있었다. 이제 학생들은 새로운 것을 창조하고, 자신들의 새로운 지식을 응용한다. 프로젝트 사례로는 학생들이 만든 영상물 교육적이면서 재미도 있는, Glogs 그래픽을 주로 사용하는 블로그, 블로그, Geogebra 초등에서 대학 수준까지 수학, 과학 학습 사이트, 워크 시트, 엑셀 검색 활동, 협력 에세이, 구글 드라이브에 발표 자료 올리기, 학생들이 만든 문제에 휴대전화 사진 사용하기, 프레지 Prezi 프리젠테이션, 그밖에 학생들이 선택한 다양한 프로젝트들이 있다. 나는 동기 부여를 목적으로 학생들이 다양한 기술을 접하도록 하며, 이전에 겪어 보지 못한 배움의 새로운 길을 창조해 나가려고 노력하고 있다. 만약 학생들이 배운 것들을 새로운 상황에 적용할 수 있다면, 더 깊은 배움이 가능하고, 배운 내용을 더 오래 기억하게 될 것이다.

나는 간단한 영상 만들기 프로젝트에서도 학생들이 엄청나게 성장하는 것을 지켜봐 왔다. 학생들은 대부분 동영상 카메라가 내장된 휴대전화를 항상 주머니에 넣고 다닌다. 우리는 학생들이 가지고 다니는 카메라와 학교에 있는 휴대용 동영상 카메라들을 이용하여, 완전 학습 정도를 나타내거나 창의성을 보여 줄 때, 혹은 핵심 개념을 명확히 설명하는 용도로 짧은 영상을 만든다. 대부분 우리 영상은 편집 없이 한 번에 찍어야 한다. 학생들은 동영상을 제대로 찍을 기회가 단 한 번 밖에 없기 때문에, 편집이 허용되는 동영상을 만들 때보다 훨씬 많은 준비를 해야 한다. 일부 영상은 지금 배우고 있는 주제를 어떻게 이해해야 하는지 다른 학생들을 가르치기 위해 제작되는데, 이는 교사들이 거꾸로교실을 하기 위해 수업 영상을 만드는 방식과 비슷하게 이루어진다.

나는 통계학 수업에서 우리가 공부하는 내용을 설명하는 동영상을 만드는 게 좋아요. 책보다 훨씬 더 많은 것을 거기서 얻고 있어요.

— 체이스, 고등학교 수학반 학생

다른 동영상들은 학생들의 창의력을 활용하여 제작했다. 우리는 평균, 중간값, 최빈수를 설명하는 정보 광고를 만들었는데, 뉴스 방송, 랩을 담은 동영상, 음악에 맞추어 칠판에 쓴 메시지가 나타나는 동영상으로 제작되었다. 종종 인터넷 상에서 유행하는 동영상을 본떠서 학생들이 수학 지식을 보여 주는 동영상으로 만들기도 했다. 예를 들면, 현재 유튜브에서 인기를 끄는 영상 '어떻게 동물들은 음식을 먹는가'를 본떠서 '표준 점수 Z-Score는 어떻게 사용되는가'라고 바꾸어 제작했다.

우리 학생들은 영상 프로젝트를 수행할 때 좀 더 창의력을 발휘했을 뿐 아니라, 일반인이 접근할 수 있는 웹사이트에 영상을 올릴 때 더 질 높은 작품을 만들어 냈다. 나는 대부분의 프로젝트를 웹에 올리게 하고, 교실 벽면에 인터넷 주소와 QR 코드를 게시하도록 했다. 단순히 QR 코드를 추가하는 것만으로도 학생들의 작품의 질은 획기적으로 높아졌는데, 그 이유는 교실 밖에 진짜 시청자들이 있다는 것이 학생들에게 동기를 부여했기 때문이다. 앞으로는 학생들에게 블로그를 만들고, 간단한 기술을 포함하고 있는 프로젝트 사진도 올리게 해 볼 생각이다. 공공성을 가진 블로그를 운영하고, 자기 작품을 되돌아보는 기회를 통해 학생들의 학습 향상에 보탬이 되기를 바란다.

- **대화로 확인하기(형성 평가)**

거꾸로배움으로 생긴 시간으로, 나는 모든 학생들과 매일같이 일대일, 또는 소모둠별로 소통을 할 수 있었다. 완전학습과 온라인 시험도 다시 도입했다. 지금 우리 학생들은 대수학II 과정을 자신의 속도에 맞추어 공부할 수 있게 되었고, 본인이 진짜 준비되었을 때 평가를 받는다. 나는 단원마다 다음 주제로 넘어가기 전에 학생들의 완전학습 정도를 평가하기 위한 짧은 '확인' 과정을 거친다. 다음 주제로 넘어가기 위해 학생들은 나와 개별 대화를 해야 한다. 가끔은 학생들에게 제출한 과제의 한 부분을 어떻게 해결했는지 간단히 보여 달라고 하고, 어떤 때는 더 깊은 배움으로 이끄는 질문을 하려고 애를 쓰기도 한다. 대수학II 반 학생들의 학습 수준은 매우 다양하게 분포되어 있어서, 학생 수준에 따라 가르쳐야 한다. '확인' 대화는 학생에 따라 달라지며, 어떤 학생에게는 주제에 대한 기본 개념을 묻고, 어떤 학생에게는 주제를 더 깊이 이해하도록 자세하게 묻기도 한다.

완전학습 상태를 점검하는 '확인' 대화는 내가 현대적인 교육자가 되는 동안 써 본 어떤 방법보다도 학생들을 더 많이 성장시켰다. 학생들은 주제에 대해 완전히 이해하기 전에는 나랑 '확인' 대화를 거의 하려 하지 않았다. 이는 이전에 수학을 가르쳐 온 방식과는 확연히 달라진 모습이다. 완전학습 시스템으로 전환하기 전, 나는 매일 저녁 학생들에게 교사의 도움을 받을 수 없는 과제를 내주었다. 점수에 욕심이 있는 학생들은 과제를 마무리했지만, 다른 학생들은 베껴서 냈다. 기존 방식의 과제는 학생들의 배움에 거의 영향을 미치지 못했고, 수업 방향을 정하는 내 의사 결정 과정에도 아무런 영향을 주지 못했다. 새롭게 '확인' 대화를 도입하면서, 나는 수학을 공부하는 과정에서 차별화된 경험을 통해 개별 학생들을 이끄는 능력을 가지게 되었다.

> 대수학II의 첫 아홉 단원에서 100점을 받고 나서, 올해 남은 두 시험에서도 만점을 받아야겠다는 집착증이 생겼어요.
>
> — 조나단, 고등학교 수학반 학생

• 기존 총괄 평가

나는 단원이 끝날 때마다 최종 평가로 치르던 기존의 객관식 시험을 온라인으로 개발했다. 10문제밖에 되지 않아 시험을 보는 데 수업 시간을 통째로 사용할 필요가 없었다. 또한 각 전미공통교육과정 CCSS의 전체 시험 문제를 데이터베이스로 가지고 있어서 학생별로 새로운 시험을 출제하는 데 사용했다.

> 나의 새로운 거꾸로교실에서 90%의 학생들이 90%의 수업 시간 동안 공부를 하고 있어요. 모두 완전히 몰입해서 말이죠.
> — 케빈 스테드맨, 세인트 루이스 고등학교 수학 교사

∴ 거꾸로배움, 효과 있나요?

수업을 바꾸기 전, 2년 동안 내 대수학II 수업의 평균은 끔찍하게도 62%였다. 이것이 다른 수업보다 먼저 대수학II 수업에 거꾸로교실을 적용한 이유였다. 거꾸로교실을 적용한 첫해 말, 내 수업 평균은 83%였고, 이듬해 말에는 80%였다. 물론 이 점수는 비교할 수 있는, 표준화된 점수는 아니지만 내게는 남다른 의미가 있다. 거꾸로배움은 내게 학생들의 성장을 하나하나 관찰할 수 있는 수업 시간을 주었다. 이제 우리 학생들은 대수학II의 개념에 대해 더 깊이 이해하고 있을 뿐 아니라, 수학의 진가를 알게 되었다고 확신한다. '확인' 대화 결과, 90%가 넘는 학생들이 대수학II 전미공통교육과정의 85% 이상을 완전학습한 상태였다. 학생의 15%는 학년이 끝나기 2~4주 전에 모든 전미공통교육과정을 완전히 이해했다. 이 학생들에게는 전미공통교육과정에서 벗어나 별도의 프로젝트를 할 수 있는 권한이 주어졌다.

이런 프로젝트의 예로는 T1-84 그래픽 계산기 프로그램 짜기, 로직과 진리표, 귀납법에 의한 증명, 행렬 대수학 같은 것이 있다. 프로젝트의 결과가 매우 성공적이어서, 앞으로 나는 학생들이 선택하는 별도의 프로젝트들을 좀 더 수업에 포함하기로 했다.

∵ 다음 단계들

우리 교실에서 거꾸로배움을 계속 발전시켜 나가는 한편, 나는 다른 교사들과도 교류를 시작했다. 자크 크레스웰과 협력했는데, 그는 이전에 내가 가르친 운동선수 학생으로, 미시간 주 마운틴 플레전트 시 마운틴 플레전트 고교의 2년차 교사였다. 우리의 목적은 학생들을 위한 미적분 준비 과정을 다시 만드는 것이었다. 학교는 30킬로미터나 떨어져 있었지만, 본질적으로 미적분 준비 과정을 함께 가르치고 있다. 자크와 나는 우리의 새 교육과정을 어떻게 구성할지에 대해 장시간 토론했다. 우리는 둘 다 이전에 거꾸로교실을 성공적으로 만든 경험이 있어서, 우리의 새 교육과정에는 거꾸로배움의 핵심 요소를 사용하고 싶었다. 수업 영상은 대부분 함께 만들었다. 2~3주는 개별적으로 작업하며, 자주 온라인 화상 통화를 했다. 한 달에 두 번은 토요일 아침에 만나 수업 영상을 만들거나 새로운 아이디어를 찾기 위해 브레인스토밍을 했다.

우리 둘 다 프로젝트 기반 학습에 경험이 많지 않았지만, 우리 식의 프로젝트 기반 학습으로 학생들의 탐구 능력과 조사 능력을 키워 주기를 기대했다. 또한 우리 프로젝트가 미적분 준비 과정을 듣는 학생들에게 적합하기를 바랐다. 우리의 의도는 학생들이 귀납적 추론과 연역적 추론 모두의 강점을 활용하여 프로젝트 학습을 수행하면서, 자신들이 배운 수학 지식을 교실을 뛰어넘어 확장시킬 수 있도록 영감을 주는 것이다.

우리 식의 프로젝트 기반 학습은 중심 주제를 시작하는 시점에 동영상 이야기나 질문을 보여 주고, 단원 전체에 걸친 수많은 작은 프로젝트들을 수행하게 하는 것이다. 우리의 동영상 이야기 과제는 자크와 내가 다양한 익스트림 스포츠를 패러디하여 만든 엉뚱한 비디오를 통해 제시된다. 이렇게 만든 자크와 나의 영상 'Cress and Little' 자크 크레스웰과 스티브 켈리의 이름을 딴 수학 수업 영상 시리즈 제목은 우리 학생들에게 굉장한 인기를 끌었고, 다른 수업 영상보다 수백 배는 많이 시청되었다. 각각의 비디오는 학생들을 학습 과정으로 안내하기 위해 사용되는 질문과 활동으로 끝난다. 우리는 지수와 대수 방정식을 공부할 때, 대학 학자금 대출에 관한 질문을 던지고, 함수를 공부할 때에는 수학 모형들에 대한 수업 영상을 만들며, 삼각법을 공부할 때는 날씨를 예보하고, 수열과 급수를 배울 때에는 수입을 계산한다.

발견 활동은 어려워요. 정확히 무엇을 해야 하는지 듣고 싶어요. 독창적으로 생각하기가 좀 두려워요.

— 테일러, 고등학교 수학반 학생

수업이 나아지면서, 우리는 좀 더 많은 탐구 활동들을 포함시키게 되었다. 자크는 다른 선생님들의 활동을 찾아서 우리에게 맞게 적용하는 데 탁월한 능력을 가지고 있었다. 학생들은 스스로 주제를 발견했을 때, 굉장한 이해도를 보이기 때문에, 나는 종종 전날 과제로 내준 수업 영상과 같은 주제를 학생 스스로 찾아보도록 탐구 활동을 시킨다. 이전에 강의식 수업을 할 때에도 탐구 학습 활동을 했지만, 지금은 학생들이 전날 배운 것과 같은 내용을 스스로 찾아내면서 '아-하' 하고 깨닫는 순간이 더 많아졌다. 이제 학생들은 수업 영상에서 다룬 주제와 같은 내용을 스스로 발견하고 있다는 사실을 알아가기 시작했다.

우리는 또한 각 단원이 끝난 후, 학생들이 더욱 분발하도록 학생마다 다른 최종 프로젝트를 추가했다. 우리는 단원을 배우면서 학생들이 흥미를 느꼈던 주제에 대해 더 깊이 파고들기를 바랐다. 그래서 학생들은 자신들의 연구를 통해 가치 있는 무언가를 만들어 내야 한다. 우리는 학생들이 주제를 찾게 도와주지만 그 이후에는 한 발 물러서서 스스로 과제를 수행하게 했다. 이렇게 '교사 통제권'을 내려놓으니 이상한 기분이 들기도 했지만 그 결과물은 이런 불편함 이상의 가치를 보여 주었다. 학생들의 결과물은 23년 동안 교직에 있으면서 본 것 가운데 최고였다. 우리에게는 프리젠테이션, 동영상, 웹사이트, 전자책, 심지어 아이폰 앱까지 만들어 내는 학생들이 있었다.

내가 현대 교육자로 전환할 수 있도록 거꾸로배움을 활용할 기회를 얻은 것을 아주 큰 축복이다. 거꾸로배움이 우리 교육 제도에서 일어나는 모든 문제의 답이 될지는 알 수 없지만, 이것은 우리 학생들의 성장뿐 아니라 내 개인적 성장을 이끌어 준 지침이 되었다. 거꾸로배움네트워크 Flipped Learning Network와 트위터 거꾸로교실 교육자 계정 #flipclass educators을 사용하는 회원들은 내게 필요한 직무연수 기회를 주었다. 나는 날마다 소셜네트워크를 통해 이루어지는 '실시간 직무연수'에 엄청난 시간을 들이고 있다. 또한 자크 크레스웰과의 공동 작업은 좀 더 협력적인 프로젝트로 발전시켜 나가도록 용기를 주었다. 전 세계 많은 교사들이 고립된 채 비슷한 프로젝트를 하고 있다. 이제는 현대 소통 수단의 편리함을 활용하여, 모든 교실에 질 높은 교육 경험을 제공하기 위해 함께 작업할 때이다. 나는 우리가 거꾸로교실 풀뿌리 운동을 이용하면, 모든 교실을 현대적 배움 환경으로 전환하는 데 보탬이 되리라고 진정으로 믿는다.

현대적 교육자가 되기 위한 여정을 통해, 교육에 대한 내 사랑은 새로운 활력을 얻었다. 나는 교사들에게 위험을 감수하고 한 단원만이라도 거꾸로 뒤집어 볼 것을 권한다. 그래야 거꾸로배움이 어떻게 교실을 변화시키는지 스스로 지켜볼 수 있기 때문이다. 위험 감수, 협력, 소통, 네트워크 만들기, 기업가적 사고, 그리고 끊임없이 배우기까지, 이 모든 것은 현대 창의적인 세상에서 성공적으로 살아남기 위해 우리 학생들에게 필요한 능력이다. 우리 학생들에게 이런 능력의 본보기가 되기 위해 나도 열심히 노력하고 있다. 아직 다다르지는 못했지만, 나는 현대적 교육자가 되기 위한 여정에서 잘 해 나가고 있다고 느낀다.

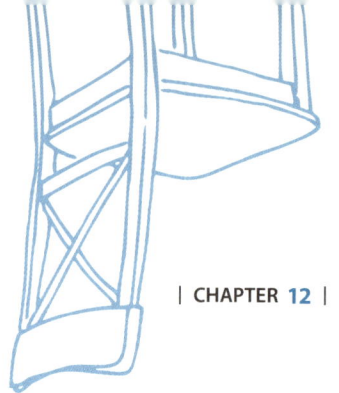

| CHAPTER 12 |

학생들을 진짜로 알아가기

델리아 부시의 이야기

어떤 사람들은 거꾸로교실이 고학년 학생들에게만 효과가 있다고 주장한다. 델리아 부시는 미시간 주 그랜드 래피드 시에서 5학년을 가르치고 있다. 그녀는 거꾸로배움이 수업을 어떻게 변모시켰는지에 대해 유명한 블로그 글을 썼다. 그 글은 진솔하게 본인이 겪은 성공과 실패의 이야기들을 함께 나누고 있다. 블로그 주소는 다음과 같다. http://flippedclassroom.blogspot.com

∵ 어디서 이 모든 것이 시작되었나

델리아,

거꾸로교실에 대해 들어 본 적 있어요? 내가 관리자 회의에 참석했다가 알게 되었어요. … 이 비디오를 한번 보세요.

— 제이슨

    이 이메일은 2011년 7월 우리 학교 교장 선생님께 받은 것이다. 이 메일에는 거꾸로교실에 대한 비디오 링크가 첨부되어 있었다. 비디오에서는 두 남자 존 버그만과 애론 샘즈가 수업 영상을 과제로 내주는 것에 대해 이야기하고 있었다. 그렇게 해서 그들은 수업 시간에 학생들과 마주하는 시간을 더 늘릴 수 있었다고 했다. 이 이야기를 듣다가 어느 순간, 내 자신에게 물었다. '나는 왜 이런 생각을 못했지?'

    왜 거꾸로교실이 나에게 깊은 울림을 주었는지 짐작할 수 있도록, 내 교육 철학에 대해 조금 이야기해 보려고 한다. 교사로서 지난 10년 동안, 나는 모든 아이들은 배울 수 있다는 생각에 빠져 있었다. 학생들이 저마다 어떻게 배워 나가는지 발견하는 것이 내 직업을 가장 좋아하는 이유 중 하나였다. 그저 아이들이 힘들어하거나 행실이 바르지 못하다는 이유로 포기하지 않았다. 내가 일하는 학교에는 취약 계층 학생들이 많았다. 무상 급식 대상자나 급식 보조금을 지원 받는 학생이 78% 대부분 학습을 별로 중요하게 여기지 않는 다양한 가정에서 자란 아이들이 내게 왔다.

나는 학생들에게 도움이 되겠다 싶으면, 어떤 일이든 시도해 보는 편이다. 실수에도 관대한 편이라 학생들에게 이득이 될 만한 것이 있다고 들으면, 그 즉시 뛰어든다. 그러니 내가 존과 애론의 비디오를 보고 얼마나 흥분했을지 상상할 수 있을 것이다. 그날 저녁 남편에게 거꾸로교실에 대해 이야기했더니, 남편은 이렇게 물었다. "왜? 도대체 왜 수업을 모두 동영상으로 만드는 그 귀찮은 일을 하려 하는 거지? 시간을 다른 곳에 쏟는 게 훨씬 낫지 않을까?"

그날 저녁, 남편의 우려에 대해 깊이 생각해 보고, 내가 학교 운영 방식에 대해 행복해하지 않는다는 사실을 깨달았다. 아니다, 사실은 절망하고 있었다. 아이들이 준비되지 않았는데도 밀어붙이는 교육 제도에 절망했다. 모든 학생 상위권, 하위권 그리고 중위권의 요구를 다 충족시키지 못하는 내 자신에게 절망했다. 내가 원하는 만큼 학생들에 대해 잘 알지 못하고 있음에 절망했다. 절망! 절망! 절망! 너무도 절망스러워서 나는 교사로 남는 것을 포기하고 행정직에 지원한 상태였다. 나는 여전히 가르치는 일을 사랑하고 있었다. 그리고 잘 가르쳤다, 충분하지는 않았지만. 가르친다는 것은 너무 중요한 일이어서 그냥 잘 한다고 되는 것은 아니다. 나는 항상 뭔가 의미 있는 사람이 되기 위해 노력해야 한다고 느꼈다. 그래서 남편이 그럴 만한 가치가 있는 일이냐고 물었을 때, 내 대답은 100% '예스'였다.

∵ 그 다음엔 어디로 갔나

경이로운 사실을 들려주기 전에, 일단 작은 시골 학교에 있는 우리 교실로 걸어 들어가면, 모둠 활동을 위해 배열된 책상과 벽에 붙어 공부하는 학생, 책 읽기에 편안한 공간을 보게 될 것이다. 적당히 시끄러운 소리를 내며 함께 과제를 해결하는 학생들도 있다. 사실 정직하게 말하자면, 예전에는 함께 과제를 한다고 하면 한 학생이 대부분을 맡아 하고, 몇몇 학생이 이것저것 거들고, 한 학생 정도는 수수방관하며 다른 아이들이 하는 모습을 보며 룰루랄라 하고 있었다. 빨리 마치고 책을 읽는 경우가 아니라면, 일반적으로 모든 학생들은 같은 시간에 같은 방법으로 과제를 하고 있었다.

나는 초등학교 교사여서 전 과목을 가르친다. 그리고 모든 과목에서 학생들을 위해 차별화된 수업을 하기를 기대했다. 쉽지 않은 일이었지만 나는 최선을 다했다. 5학년을 가르치는 동료 교사 미키 멕베이와 이 문제를 해결하기 위해 서로 전문 영역을 나누어 수업을 해 보았다. 나는 수학을 좋아했으니까 내가 수학을 가르치는 것이 자연스러울 것 같았고, 미키는 과학과 사회를 가르쳤다. 그래서 나는 5학년 전 학생들에게 수학을 가르친다. 우리 반 학생들에게는 수학뿐 아니라 언어 영역도 가르친다.

두 학생 이야기 – 미첼과 넬리

지난 가을 학교 공개 일에 나는 곧 우리 반 학생이 될 많은 아이들을 만났다. 내가 기억하기에 아주 활발했던 한 아이, 미첼을 기억한다. 미첼은 최대한 공손하려고 했고, 우리 학교 웹페이지 우리 학급이 운영하는를 관리하게 되었다며 신이 나 있었다. 그리고 그 아이는 서둘러 내게 자기는 "수학을 못한다"고 알려 주었다. 나는 내 거꾸로교실 수학이 미첼과 같은 아이들에게 어떤 효과가 있을지 궁금했다.

미첼은 내가 가르친 학생 중 가장 성실하게 수업 영상을 보고 수업 준비를 해 왔다. 그의 부모님은 거꾸로교실 운영의 모든 면에 무척 우호적이었다. 새 학기가 시작되었을 때, 미첼 어머니는 미첼과 함께 수업 영상을 보며, 아이가 어려운 문제에 부딪힐 때 도와주곤 했다. 시간이 흐르면서 미첼은 어머니의 도움을 점점 덜 필요로 하게 되었다. 수학 성적은 꾸준히 80~90%를 유지했다. 미첼은 놀랐다. 학년 말에 미첼은 다른 학생들이 문제를 못 풀고 어려움을 겪을 때 찾아가 도와주는 학생 중 한 명이 되었다. 그해 마지막 날, 나는 아이에게 정말 멋진 카드를 받았다. 카드의 한 면에는 미첼의 편지가 있었고 다른 면에는 아이 어머니의 편지가 있었다. 카드를 읽으면서 내 눈에는 눈물이 맺혔다. 내가 감성적인 사람이 아닌데도 말이다. 내가 좋아한 대목은 이거다. "부시 선생님, 선생님께서 저도 수학을 할 수 있다는 것을 가르쳐 주셨어요."

넬리는 영어가 모국어가 아니어서 영어를 배우며 공부하는 5학년 학생으로 힘들게 학교를 다녔다. 부모님은 스페인어만 할 줄 알았다. 지난해에 아이는 한 번도 숙제를 해 온 적이 없었고, 특히 수학을 어려워했다. 새 학년은 기존 수업대로 했고, 아이는 거의 모든 숙제를 하지 않았다. 그러다가 거꾸로교실이 시작되었다.

넬리는 다른 아이들 보다 훨씬 더 성실하게 수학 수업 영상을 보며 필기한 공책을 제출했다. 서서히 넬리는 자신의 능력에 대한 자신감을 얻기 시작했다. 나는 넬리에게 거꾸로교실 수업이 효과가 있는 것이 기뻤다. 게다가 학부모 모임이 있던 날, 거꾸로교실 수업이 넬리 어머니에게도 도움이 되었다는 사실을 듣고 놀라웠다. 넬리 어머니는 매번 아이와 함께 수업 영상을 보았는데, 수학을 배우기 위해서가 아니고 영어를 배우기 위해 수업 영상을 보았다는 것이다. 내가 거꾸로교실을 했던 이유가 사람들의 영어 공부를 돕기 위해서였던가? 물론 아니다. 하지만 이거 참 멋진 일이 아닌가? 완전!

예전 수학 시간에 나는 보통 전날 배운 내용을 모든 학생들과 함께 빨리 복습하며 수업을 시작했다. 그러고는 본 수업으로 들어갔다. 기본적으로 나는 칠판 앞에 서거나, 아니면 실물화상기 앞에 서서 수업 내용을 보여 주곤 했다. 학생들은 모두 자신만의 화이트보드를 가지고 문제를 풀거나, 수학 교구를 이용하여 공부했다. 나는 예제를 설명한 뒤, 학생들에게 풀어 보라고 시켰다. 그러는 동안 수업은 학생들의 질문이나 농땡이 치는 학생들로 인해 자주 방해를 받았다. 학생들이 문제 푸는 동안 나는 확인하러 다니는 게 일이었다. 다른 주제로 넘어가기 전에 손을 들어 도움을 청하는 학생들이 있으면 살펴 주었다. 한정된 시간 때문에 손을 들지 않은 학생들은 대부분 본인들에게 필요했을 도움을 받지 못했다. 수업이 끝날 때쯤이면, 학생들이 배운 지식을 진짜 세상에서 어떻게 실제로 사용하게 될지 토론할 시간은 거의 남아 있지 않았다.

시험 기간이 다가오면, 나는 학생들이 힘겨워하는 개념들을 나름 잘 파악해서 다루어 왔다고 생각했다. 하지만 불행히도 채점을 할 때면 항상 놀라곤 했다. 나는 학생들이 이해했다고 생각했지만, 그게 아니었다. 학생들의 혼란스러움을 알아차리지 못했다는 사실에 힘들어하기도 했다. 이런 일이 일상이 되어 버렸다. 나는 학생들이 실제로 이해한 것보다 더 많이 이해했다고 여기고, 학생들은 이해하지 못한 것을 표현하지 않았다. 많은 학생들이 준비가 안 된 상태에서 다음으로 넘어가는 일에 빠르게 지쳐 갔고, 나는 변화가 필요하다는 사실을 깨달았다.

거꾸로교실은 제게 엄청 도움을 주었어요. 왜냐하면 과제를 집으로 가져와도, 그걸 이해하지 못했거든요. 그런데 거꾸로교실 이후에는 선생님께서 제가 더 잘 이해할 수 있게 도와주셨어요. 저는 매일 저녁 선생님께서 학교 웹사이트에 올려 주신 수업 영상을 보았어요. 그리고 영상을 보면서 수업에 관한 필기만 하면 됐죠. 이게 수업 내용을 더 잘 이해하게 해 주었죠.

— 맥켄지, 5학년 학생

∴ 변화의 시작

교장 선생님과 교육장으로부터 '시작해도 좋다'는 허락을 받고 난 후, 나는 거꾸로 하는 게 뭔지 몽땅 알아내야 한다는 걸 깨달았다, 그것도 빨리. 첫 번째 난관은 수업 영상을 만드는 일이었다. 자세한 방법은 언급하지 않을 것이다. 동영상을 만드는 다양한 방법에 대한 자료는 넘쳐 나니까. 여기서 강조하고 싶은 것은 기기 사용 능력이 부족해도 충분히 할 수 있고, 그 자체가 배우는 과정이라는 점이다.

처음 영상을 만들었을 때, 내게는 실물화상기가 없었다. 나는 프로젝터와 컴퓨터를 가지고 있었다. 매번 영상을 만들 때면, 컴퓨터를 교실 중앙으로 끌고 와 웹캠을 프로젝트 화면을 향하게 하고 녹화 버튼을 눌렀다. 이렇게 만든 수업 영상으로 오스카상을 수상할 수 없으리라는 건 확실했다. 하지만 그것만으로도 제 역할을 다했다. 단원을 가르치는 것 말이다.

나는 거짓으로 이 과정이 쉬웠다고 말하지는 않겠다. 처음에는 쉽지 않았다. 수업을 계획하는 대부분의 시간을 수업 영상을 만드는 데 써야 했다. 그나마 아이들에게 하나의 수업 영상만 있으면 되는 것이 다행이었다. 나중에 실물화상기가 생기고 나니, 사는 게 조금 수월해졌다. 더 이상 컴퓨터를 끌어서 교실 중앙으로 옮길 필요가 없었다. 이제 스크린을 녹화할 수 있는 능력을 갖춘 것이다.

그해 대부분은 같은 학군에 있는 교사들과 똑같은 단원을 가르쳤지만, 내 수업은 미리 녹화되어 있었다. 나는 기존의 방법으로 가르친 전년도와 비교하여 학생들의 성적이 어떻게 달라졌는지 알아볼 자료를 많이 가지고 있었다. 대부분의 평가에서 거꾸로교실 학생들은 5% 정도 높게 나타났다. 하지만 더 흥분되었던 것은 우리 학생들을 훨씬 더 잘 알게 되었다는 사실이다. 누가, 언제 묻더라도 학생들이 무엇을 이해하고, 이해하지 못하는지 정확하게 말할 수 있었다. 어떤 주제에 대해 누가 도움이 필요한지, 그리고 누가 적절한 도움을 줄 수 있을지 알 수 있었다. 다른 학생이든 나 자신이든 말이다. 나는 학생들이 어찌나 잘 배우고 있는지 감탄스러웠다.

한 달쯤 되었을 때, 교육위원회 회의가 우리 학교에서 열린다며, 교장 선생님이 수업 사례를 발표해 줄 수 있는지 물었다. 떨렸지만 하겠다고 했다. 위원회 회의가 열린 날, 나는 컴퓨터실에서 문제가 생겨 곤욕을 치렀고, 많은 아이들이 내가 원하는 만큼 활동에 몰입하지 않았다. 그래서 발표를 시작할 때 약간 낙심했지만 행복한 표정을 짓고서는, 과장을 섞어 설명했다. 솔직히 나는 참석한 분들이 점잖게 듣고, 다음 일정으로 넘어가 주기를 원했다. 그런데 질문이 쏟아지기 시작하면서 깜짝 놀랐다. 그분들은 거꾸로교실에 대해 큰 호기심을 가지고 있었고 더 알기를 원했다. 피드백은 긍정적이고 고무적이었다. 긴 하루 끝에 내게 필요한 피로 회복제 같았다.

∴ 변화, 계속되다

학년 중반 때쯤, 한 지역신문사 기자가 내가 하는 일을 듣고 찾아와 나와 학생들을 인터뷰했다. 같은 시기에 내 수업에서 거꾸로교실을 이룬 사례로 실행연구상 Action Research Award 도 받게 되었다. 더불어 내 블로그는 점점 인기가 많아졌고, 예상을 훨씬 뛰어넘어 고정 독자들도 생겼다. 그러나 이 모든 대중적인 관심이 언제인가부터 불편해지기 시작했다. 온통 긍정적으로 홍보되고 있었지만, 나는 아직 우리가 가진 잠재력에는 도달하지 못한 것 같았다. 나는 이전보다 우리 학생들의 요구와 장점을 더 잘 알고 있나? 그렇다. 하지만 내게 주어지는 찬사를 모두 받기에는 내가 부족한 듯했다. 여전히 갈 길이 멀다고 생각했기 때문이다.

그 무렵, 내 생각을 바꿔 준 질문을 들었다. "학생들과 마주하는 시간을 최선으로 사용하는 법은 무엇인가?" 이 질문을 곰곰이 생각해 보고 나서, 나는 내가 해낸 것이 개선인 것은 맞지만, 그 이상을 원하고 있음을 깨달았다. 우리 학생들을 더 강하게 밀어붙일 무언가가 필요했다. 수업 시간에 과제를 푸는 것이 대수가 아니었다. 아직도 무언가가 빠져 있는 듯했다. 나는 학생들이 수업 자료를 완전히 이해하기를 원했고, 학생들이 깊은 사고력을 가진 사람이 되기를 바랐으며, 학생들이 어떻게 수학이 그들의 삶과 연관이 있는지 이해하기를 기대했다.

저는 거꾸로교실이 참 좋아요 왜냐하면 집에서 과제를 할 때 선생님이랑 같이 하는 것 같거든요! 전 한 번도 문제를 못 풀어서 쩔쩔맨 적이 없어요. 대신에, 선생님께서 그 문제를 푸는 법을 설명해 준 부분을 수업 영상에서 찾아봐요. 그 다음은, 수업 시간에 이전에 과제로 해 온 활동지를 하죠. 제가 좋아하고 제게 도움이 된 것은 선생님의 도움을 교실 활동과 과제 모두에서 받을 수 있었던 거예요.

— 에리카, 5학년 학생

그해 시간이 지날수록 계속해서 악착같이 해 나가고 있었지만, 수업 시간을 진정으로 의미 있게 만들려면, 다음 단계로 어떻게 넘어가야 할지 확신이 없었다. 내 머리를 떠돌던 수백만 가지 생각이 드디어 구체화되기 시작한 시기가 왔다. 브라이언 베넷이 블로그에 올린 글, '거꾸로교실에서 학습 재구성하기' www.brianbennett.org/blog/redesigning-learning-in-a-flipped-classroom를 읽었을 때였다. 그의 글은 학생들과 마주하는 시간에 내가 실제로 무엇을 하고 있는지 깊게 생각할 수 있게 해 주었다. 나는 우리 학생들과 좀 더 의미 있는 활동을 해야 할 필요가 있음을 깨달았다.

변화 도와주기

우리 학군에서는 내가 거꾸로교실 모델을 적용한 유일한 교사였다. 대부분의 교사들이 거꾸로교실에 대해 들어본 적이 없었다. 관할 교육청은 지원을 잘 해 주었지만, 거꾸로교실에 대한 직무연수 과정은 없었다. 그때부터 나는 직무연수 방법까지 진짜로 바꿔 버린 두 곳에 들어갔다. 바로 블로그와 트위터였다.

내가 블로그를 시작한 이유는 교실에서의 성공과 실패에 대해 솔직하게 적을 수 있는 곳이 필요했기 때문이다. 학사와 석사과정에서 공부하는 내내, 수업을 개선하기 위해서 성찰하는 것이 얼마나 중요한지 수도 없이 들었다. 이론으로는 훌륭했지만, 하루를 마무리할 때쯤이면 난 탈진한 상태였다. 정말 하고 싶지 않은 일이, 바로 얼마 남지 않은 시간을 오늘 무엇을 했는지 생각하는 데 써야 하는 것이었다. 하지만 매주 일요일에는 자리에 앉아 학교에서 보낸 한 주에 대해 적어 보기로 했다. 나는 곧 이 과정의 중요성을 깨달았다. 단순히 앉아서 내 생각들을 적어 봄으로써 생각을 명확히 할 수 있었다. 블로그의 공공성으로 인해 나는 정말 변해야 한다는 책임감을 갖게 되었다. 블로그 활동은 내가 그간 꿈꿔 온 것보다 더 빠르게 변화의 과정을 가속화시켰다.

나는 결코 사람들이 내가 적은 글로 인해 영감을 얻을 것이라고 생각해 본 적이 없었다. 고정 독자가 생길 것이라고 기대해 본 적도 없었다. 거꾸로배움에 대한 책의 한 장을 집필해 달라는 요청을 받으리라고 예상해 본 적은 더더욱 없었다. 오로지 내가 생각한 것이라고는 수업에서 내가 무엇을 하고 있었는지 돌아보고, 개선할 방법을 찾는 것이었다. 내가 예상하지 못했던 블로그 활동의 또 다른 효과는 자부심이었다. 내가 한 말이 나와 내 학생들뿐 아니라 다른 교사들에게도 도움이 될 수 있음에 겸허해졌다. 우리 학생들에게 다른 사람을 도울 때 느낄 수 있는 기쁨에 대해 훈계하고는 하는데, 내가 바로 살아 있는 증거였다. 그것은 아주 많은 사람들에게 영향을 주는 무언가의 일부가 된 듯한 강렬한 느낌이었다.

블로그 활동과 더불어, 나는 트위터에서 좀 더 적극적으로 활동하게 되었다. 처음에 내가 트위터를 사용한 것은 내 블로그를 홍보하기 위해서였다. 하지만 트위터는 곧 내가 그간 참여했던 어떤 것보다도 최고의 직무연수 과정이 되었다. 나는 우선 #Flipclass 해시태그 트위터에서 '#특정 단어' 형식으로 관련 주제를 표현하는 방식를 좇아다니기 시작했다.

#Flipclass 관련 글을 따라다니면서 자기 교실을 거꾸로 만든 수백 명의 교사들과 연결되었다. 나는 더 이상 혼자 하지 않아도 되었다. 내게 팀이 생긴 것이다. 드디어 개인적인 배움의 네트워크를 가지게 되었다. 힘든 하루를 보낸 날이면 트위터 친구들이 내게 용기를 불어넣어 주었다. 동기 부여가 필요하면 나는 멀리서 찾을 필요가 없었다. 도움이 필요하면, 그렇지! #Flipclass 트위터 친구들에게 제일 먼저 찾아갔다. #Flipclass에는 자신의 경험과 지혜를 기꺼이 나누려는 눈부신 교육자들로 가득 차 있었다. 만약 여러분이 트위터를 통해 어떻게 배워야 할지 모른다면, 혹은 해시태그가 무슨 말인지도 모른다면, 그 방법을 여러분에게 보여 줄 친구를 찾기를 권한다.

이렇게 나는 트위터를 통해서 나와 비슷한 철학을 소유한 교육자들과 연결될 수 있었다. 그 관계를 통해서 나는 거꾸로배움 저널Flipped Learning Journal이라 부르는 프로젝트에 협력할 기회가 생겼다. 간단히 설명하면, 거꾸로배움 저널 사이트www.flippedlearningjournal.org는 몇 명의 기고자가 있는 웹사이트인데, 이들은 모두 현직 교사이며, 주로 어떻게 거꾸로교실이 그들 수업에 효과를 미쳤는지에 대해 쓰고 있다. 하지만 거꾸로배움 저널에서 가장 영양가 있는 부분은 홈페이지의 맨 아래에서 찾을 수 있다. 거기에는 여러분이 협력할 파트너를 찾고 있다면 따라갈 수 있는 링크가 있다. 그 링크를 따라 들어가면, 미국 전역에서 거꾸로교실을 적용하여 수업을 하면서, 다른 교사와 연결되고 싶어하는 교사들의 목록이 나온다. 혼자서 할 이유가 전혀 없는 것이다.

허리케인 샌디 2012년 10월에 발생한 초대형 폭풍가 발생한 직후, 전 지구적 협력 관계를 만드는 또 하나의 사례가 생겨났다. 우리 반 학생들은 뉴저지에서 가르치고 있는 존 프리츠키와 함께 한 수학 수업에 대해 블로그에 게시하고 있었다. 학생들은 허리케인 샌디가 어디를 강타했는지 알게 되자, 곧바로 존 선생님 반 아이들을 걱정했다. 바로 위험 지역에 살고 있었기 때문이다. 나는 존과 트위터로 연락을 취할 수 있었고, 비록 많은 가족들이 태풍으로 큰 피해를 입었지만 존 선생님네 반 아이들은 무사하다고 학생들을 안심시켰다. 우리 반 학생들은 자신들이 무엇을 할 수 있는지 물었다. 그때를 생각하면 아직도 소름이 돋는다. 우리는 콘서트에서 꽃을 팔아, 그 돈으로 존 선생님네 학생 가족들에게 상품권을 사 주기로 했다. 이 모든 일은 연휴 동안 일어났고 상품권은 괜찮은 생각인 것 같았다. 상품권을 받은 가족들은 수천 킬로미터나 떨어진 곳에 살며 한 번도 만난 적도 없는 우리 학생들이 한 일에 감동을 받았다. 우리 학생들은 이 경험을 절대로 잊지 않을 것이고, 나 또한 그럴 것이다.

∴ 거꾸로배움으로 전환

학년 말이 되기까지, 거꾸로교실 기본형 수업은 집에서, 숙제는 학교에서 은 내게 가장 믿음직스러운 방법이었다. 그러나 나는 학생들의 성장에 충분히 만족하지 못하고 있었다. 나는 몇몇 아이들을 다른 아이들과 속도를 맞추게 하려고 더 나아가지 못하게 붙잡아 두고 있었다. 또한 학생들이 전 단원에 대해 완전히 이해하지 못했는데도 다음 단원으로 넘어가게 하는 몹쓸 짓도 하고 있었다. 이런 것들이 우리 학생들에게 어떤 도움이 되었을까? 나는 여름방학 동안 내 수업 시간을 재평가하는 시간을 가졌고, 2년차에 접어들어 학생들을 좀 더 깊게 이끌 수 있었다. 거꾸로배움으로 옮겨 간 것이다.

저는 거꾸로교실을 좋아했어요. 왜냐하면 수업 영상을 볼 때, 이해되지 않는 부분은 다시 돌려 볼 수 있기 때문이죠. 저는 이 방법이 정말 좋아요. 기존 수업보다 제 수학 실력이 훨씬 나아졌거든요. 저는 지금 6학년이지만, 7학년 수학 문제를 푸는 게 너무 좋아요! 새로운 수학 선생님도 거꾸로교실로 수학을 가르쳐 주셔서, 전 아주 기쁩니다.

— 닉, 수학 수업을 들은 6학년 학생

올해 우리 반은 작년과는 무척 달라졌다. 모든 단원이 탐구 프로젝트로 시작하고 끝난다. 내 목표 중 하나는 수학과 진짜 세상을 연결하는 것이고, 이러한 방식은 그 목표를 달성하기 위한 시도였다. 나는 각 단원을 학습 목표나 "나는 _____을 할 수 있다."는 문장으로 나누었다. 이렇게 나눈 내용에는 각각 한두 개의 관련 수업 영상이 있다. 학생들은 영상을 본 후 유도 질문에 답한다. 이 질문들은 블룸의 분류법 상위 수준에 있는 것으로 고안되었다. 다음으로 학생들은 예시 문제들을 해결한다. 내 거꾸로배움 방식은 비동시적이어서, 학생들이 이미 이해한 개념의 경우 바로 넘어갈 수 있다.

수업 시간에 학생들은 연습 문제로 넘어가기 전에 유도 질문을 놓고 모둠 토론을 벌인다. 주어진 연습 문제를 모두 해결한 후, 완전학습 상태를 증명하기 위해 간단한 시험을 본다. 통과하지 못하면 좀 더 많은 연습 문제를 함께 푼 뒤, 다른 문제에 재도전한다.

어느 정도까지 학생들은 자신의 속도에 맞추어 공부를 한다. 불행하게도 이건 완벽한 시스템이 아니다. 특히 뒤처지는 학생이 있을 때에는 말이다. 그렇다면 어떤 학생들이 이전 단원을 힘겨워하고 있는데, 과연 어느 시점에 다음 단계로 넘어가야 하는가? 이 문제를 해결했다고 말하고 싶지만 아직 해결하지 못했다. 나는 여전히 어떻게 우리 학생들이 완전학습을 해내도록 지원할 수 있을지 배우고 있다. 우리 교실은 살아 숨 쉬는 존재다. 우리, 즉 반 아이들과 나는 개선점을 찾게 되면 끊임없이 바꾼다. 그래서 괴롭기도 했지만, 지금은 변화가 우리의 발전 방식이라는 점을 깨달았고, 항상 개선 방법을 찾고 있다.

앞서 언급한 변화에 덧붙여, 우리 학생들도 자신들의 블로그를 통해 전국적인 관계를 만들어 나가고 있다. 우리는 뉴저지에 있는 학교와 블로그 활동을 시작했고, 텍사스에 있는 한 학급과도 하고 있다. 블로그 활동은 학생들이 수학에 대해 쓰는 것뿐 아니라, 그들에게 독자가 있다는 사실을 알게 해 주었고, 그것은 강렬한 효과가 있었다.

∵ 내 가르침의 변신

교사로서 거꾸로교실 수업 전의 나날들을 되돌아보면, 나는 아주 큰 변화를 느낀다. 그전에는 강의식 수업이 많았다. 지금은 학생들이 함께 공부하기 때문에 모두가 이해한다. 학생들은 대부분 학습에 책임을 지기 시작했고, 교실에서 내 역할은 아주 달라졌다. 수업을 시작하고 5분 정도는 개별 학생들과 소통하며 아이들이 다음 학습 목표를 수행하는 데 몰입할 수 있게 해 준다. 그 밖의 시간에 학생들은 공부하고, 나는 이들과 매일 일대일로 만난다. 이 얼마나 효과적인 일인가! 부모님들과 자녀들에 관한 이야기를 나눌 때, 나는 아이들의 학업 수준이 어디쯤에 있는지, 또한 그들의 장단점이 무엇인지 정확히 알고 있다. 핵심은 내가 우리 아이들을 알고, 아이들에게 자신이 가능하다고 생각하는 그 이상을 해낼 수 있게 도와줄 시간이 내게 있다는 것이다. 이것이야말로 가르침의 본질이 아닐까?

교생으로서의 관점

내 블로그 손님 게시판에서 찾은 페이지 라우그의 게시물 '막중한 책임감'
"http://flippedclassroom.blogspot.com/2012/04/flippingfrom-perspective-of-student.html

만약 12주 전에 내게 거꾸로교실에 대해 어떻게 생각하느냐고 물어 보았다면 내 대답은 간단했을 것이다. "뭐라고요?" 나는 교생 자격으로, 부시 선생님이 가르치는 5학년 거꾸로교실 수업이 어떤 효과가 있는지 모른 채, 솔직히 그 효과에 대해 다소 회의적인 느낌으로 참관했다. 나는 가르침이란 오직 기존 방식대로 선생님이 학생들 앞에 서서 설명하는 것이라고 길들여져 있었다. 나는 곧바로 알아차렸다. 21세기 수업의 시대로 들어섰으며, 그간 내가 안주하던 지대는 곧 사라질 예정이었다.

학생들과 부시 선생님을 관찰한 처음 2주 동안, 나는 흥미로운 점들을 많이 발견했다. 첫째, 학생들은 알파인 초등학교에 있는 컴퓨터실 3개를 모두 차지하고서, 학업성취도평가를 보고 있었다. 이 말은 시험이 끝날 때까지 거꾸로교실을 할 수 없다는 것을 의미했다. 나는 학생들이 전체를 대상으로 한 강의식 수학 수업에 대해 의견을 나누며 "지겹다"거나 "헷갈린다"고 말하는 것을 들었다. 또한 많은 학생들이 엄청 짜증 내는 것을 보았고, 심지어 어떤 학생이 "수업 영상이 그리워."라고 말하는 것도 들었다. 거꾸로교실이 정말 무엇인지 호기심이 발동했다.

시험이 끝나자, 드디어 부시 선생님의 교실에서 수학 수업이 어떻게 진행되는지 볼 수 있었는데, 정말 놀라웠다. 2주간 진행된 학업성취도평가 기간에 한 번도 과제를 하지 않은 학생들을 관찰했는데, 그 아이들이 수업 영상을 다시 보자, 과제를 모두 해내고 있었다. 그러나 더 중요한 것, 아마도 거꾸로교실이 내 인생에 가져온 가장 큰 계기는, 부시 선생님과 내가 모든 학생들에게 다가가서, 그들과 일대일로 해낼 수 있었다는 것이다. 정말 멋졌다.

그랬다. 부시 선생님은 이 모든 것이 아주 쉬워 보이게 해 주었다. 거꾸로교실에 발을 담그려는 내 첫 시도가 어땠는지 이야기하자면 … 수업 영상을 만드는 데 필요한 모든 기술에 익숙해진 후, 나는 녹화 준비를 마쳤다. … 아니, 적어도 그렇게 생각했다. 나는 내 공책스크립트에 가까운을 들고 자리에 앉아서 심호흡을 한 뒤 녹화 버튼을 눌렀는데, 첫 줄을 읽자마자 바로 더듬거렸다. 다섯 번을 찍은 후에야 첫 영상이 완성되었고, 실제 수학 수업에서 쓸 준비를 마쳤다. 다행히 첫 시도 이후, 녹화 과정은 훨씬 쉬워졌다.

첫 수업 영상 촬영은 끝났지만, 여전히 많은 부담이 남아 있었다. … 말하자면, 학교 웹사이트에 수업 영상 링크를 올리는 것을 까먹어서 학생들이 보지 못하면 어떻게 될까? 혹은 15분이라는 영상 제한 시간을 어기고 더 길게 만들었다면, 그래서 학생들이 컴퓨터실에서 손을 들고 "수업 영상이 마지막 풀던 중간에 그냥 끝나 버렸어요!"라고 말하면 어떻게 될까? 아마 공황 상태에 빠져들겠지만, 고맙게도 나에겐 기존 수업 방법과 거꾸로 교실 모두에서 배운 두 가지 교훈이 있었으니, 바로 항상 대응책을 마련하고 바로바로 대처하는 것이었다.

이런 것들이 거꾸로교실을 하면서 생긴 몇 가지 굴곡이지만, 되돌아보면 참 많은 것을 얻었다. 나는 수학을 가르치는 데 자신감을 가지게 되었다. 수학 수업을 계획하고 준비하고 전달하기까지, 학생들의 수업 태도로 인해 자주 방해 받는 전체 학생 대상 강의를 해야 한다는 압박이 없어서, 잘 해낼 수 있었기 때문이었다. 나는 또한 사용 가능한 모든 테크놀로지에 관한 정보를 많이 얻었고, 나아가 이런 기술의 사용이 어떻게 배움에 영향을 주고 향상시키는지 알게 되었다. 끝으로 나는 다른 사람의 도움 없이 혼자서 위험을 감수하고 혁신적인 시도를 했던 선생님들께도 깊은 감사를 느꼈다. 부시 선생님은 열심히, 헌신적으로 그리고 용기를 가지고 도전했고, 학생들이 그 전에 한 번도 배워 본 적이 없는 방식으로 수학을 공부할 수 있도록 수업을 바꾸어 놓았다. 새로 시작하는 신입 교사로, 나만의 여정을 떠나는 지금, 이 경험이 내 삶에 얼마나 많은 영향을 주었는지 말로 다 설명할 수가 없다. 마음속에 남은 생각 하나는, '나에겐 막중한 책임이 있다.'는 것이다.

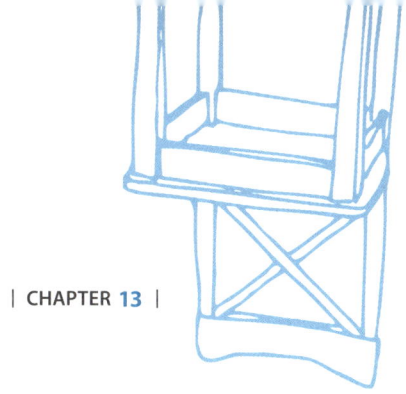

| CHAPTER 13 |

교사 직무연수도 거꾸로

크리스틴 다니엘스와 마이크 드로넨의 사례

미네소타 주 스틸워터 시 공립학교 대상의 수업 혁신과 기술 코치로 일하고 있는 크리스틴 다니엘스는 해당 학군 교사들을 위한 직무연수 프로그램에 거꾸로배움 모델을 성공적으로 도입시켰다. 그녀는 거꾸로배움네트워크(Flipped Learning Network)의 임원으로, 거꾸로배움 모델을 이용해 교사들을 위한 거꾸로배움 연수 과정을 개발했다. 마이크 드로넨은 미네톤카 공립학교 연합의 기술 이사다. 교사와 관리자를 위한 거꾸로 직무연수 모델을 개발하고 디자인하는 데 일익을 담당했다.

거꾸로배움을 향한 우리의 여정이 시작된 것은 2011년 봄, 당시 스틸워터 시의 교육 혁신과 기술 분과 책임자였던 마이크 드로넨이 학군 내 아홉 개 초등학교의 기술 통합 전문가로 크리스틴 다니엘스와 웨인 펠러를 정규직으로 채용한 직후였다. 이들을 고용하게 된 것은 '2005 스틸워터 시 기술 계획'의 결과인데, 이 계획안에는 몇몇 직원을 고용하여 학교 교사들과 직접 협력하며, 수업에 테크놀로지를 결합함으로써 학생 참여 및 학업 성취 향상을 꾀하겠다는 개요가 담겨 있었다. 거기에는 해당 구역 전체 교사의 수업 방식에 체계적인 변화를 이루려면 교육과 기술을 결합할 전담 인력 없이 불가능할 것이라는 굳건한 믿음이 있었다.

교사의 전문성을 개발하는 거꾸로직무연수는 끝없이 진화하는 우리의 직무연수 모델을 부르는 이름이다. 거꾸로교실과 마찬가지로 이 모델도 낮은 단계의 강의를 전체 공간에서 개별 공간으로 옮긴다는 생각에 바탕을 두고 있다. 거꾸로배움을 직무연수에 적용했을 때, 그 의미는 교사들이 자기 시간에 디지털 콘텐츠를 미리 봄으로써 다른 교사들과 얼굴을 마주하는 시간을, 전형적으로 앉아서 얻어 가는 연수가 아니라 다른 용도로 사용할 수 있도록 하는 것이다. 거꾸로배움 모델은 다양한 직무연수 시나리오에 적용할 수 있다. 어떤 이들은 거꾸로직무연수를 단순히 그룹 워크숍이나 회의 전에 교사들에게 정보를 미리 제공하는 것으로 생각하기도 한다. 이는 물론 훌륭한 시작점이 될 수 있지만 거꾸로배움이 지닌 진짜 영향력은 학습이 개인화될 때 발휘된다. 스틸워터 시에서는, 많은 교사들이 거꾸로교실에서 성공적으로 변신한 것과 흡사하게, 거꾸로직무연수를 통해 기술 통합 전문가의 역할을 '기술 및 혁신 코치', 즉 수업 방법의 혁신과 변화를 북돋아 주고 지원하는 사람들의 의미로 바꾸어 놓았다. 우리는 이런 변신이 교사들과 함께 하는 시간을 어떻게 사용할지에 대한 우리 자신의 변화가 없었다면 불가능했으리라 굳게 믿고 있다. 이러한 변화를 통해 궁극적으로 우리가 효과적인 직무연수를 하기 위해서는 코치가 되어야 한다는 생각을 받아들이게 되었다.

우리 마이크, 크리스틴과 웨인는 세인트 폴과 미니아폴리스 지역의 여러 기술 모임들을 통해 서로 안면은 있었지만 같은 조직에서 일해 본 적은 없었다. 마이크는 이 학군에서 2005년부터 일해 왔다. 그는 강력한 기술 인프라를 개발해냈을 뿐만 아니라, 동시에 2005 스틸워터 시 기술 계획을 실행했으며, 학군 내의 교사들과 함께 일하게 될 통합 팀을 구축하고 있었다. 35년 넘게 음악 교사로 재직한 웨인은 당시 정규직으로 채용되기 이전까지 기술 통합 팀에서 파트타임으로 일해 왔다. 크리스틴은 스틸워터에 오기 전, 교직을 그만두고 한 중고등학교에서 기술 통합 전문가로 일했고, 이후 ISTE*의 미네소타 주 분회인 TIES에 있었다.

2011년 3월 우리는 여러 학교들을 방문하던 중 애프톤 레이크랜드 초등학교 톰 호버트 교장과 대화를 나누게 되었다. 대화는 아주 통상적으로 시작되었다. 그는 교실에서의 기술 활용에 대해 질문했고, 그 다음으로 자신이 교직원들을 위해 살펴야 할 것이 무엇인지 물어 왔다. 우리는 기술이 중요한 것이 아니라는 핵심을 분명히 전달했다. 이전에 그런 사례를 많이 보았다. 새로운 기기 하나를 도입하면, 교사는 교실에서 사용해야 한다는 강박을 갖지만, 정작 사용하도록 이미 주어진 기기에 대한 사용법은 거의 숙지하지 못하고 있었다. 우리는 교사들에게 효과적인 직무연수를 제공함으로써, 자신의 수업 방법을 바꾸는 데 기술을 활용할 수 있도록 하는 것이 핵심임을 알고 있었다. 호버트 교장은 매우 열린 마음으로 우리에게 교직원들을 위한 기술 직무연수를 기획하여 진행해 달라고 부탁했다.

우리는 학군 내에서 우리 일을 하는 데 이처럼 폭넓게 자유를 누리는 것에 대해 황홀한 기분이 들었다. 책상도 사무실도 없이, 배낭만 맨 채 필요하면 어디서든 일했다. 그리고 우리는 학교 수준에 따라 직

---

* ISTE 초중등 학생과 교사들의 학습과 수업 개선을 위한 정보기술 활용을 지원하기 위해 만든 미국의 비영리 조직. http://www.iste.org 지원하고 있다.

무연수 모델을 설계하고 구현할 수 있는 기회를 만들어 주었다. 이는 학군 내 전체 아홉 개 초등학교와 어쩌면, 전 학군에서 사용될 수 있는 모델을 시험해 볼 수 있는 완벽한 기회였다.

∵ 선택, 복사, 붙이기

기존의 직무연수 시간에는 대부분 새로운 툴을 소개하고, 이 툴이 가진 기능을 시연하며, 교사들에게 '여기 클릭', '선택', '복사', '붙이기' 하는 방법을 보여 주면 되었다. 교사들의 교육 방법이나 수업 내용과의 연관성을 충분히 고려하지 못한 상태에서 이러한 툴이나 기술을 가르친 것이다. 오래 지나지 않아 우리는 보여 주기 식의 '시연' 프로젝트로는 교사들이 새로 배운 지식에 열광하여 바로 다음 날 교실에서 사용하고 싶게 만들지 못한다는 것을 알았다. 하지만, 정작 우리가 몰랐던 것은 이렇게 열정이 부족한 이면에 무엇이 있는가 하는 점이었다.

기존 교실에 있는 학생들과 마찬가지로, 우리 교사들도 정작 필요로 할 때 우리의 전문적인 도움을 바로 옆에서 얻을 수 없었다. 즉, 새로운 도구나 사용 방법에 대한 지식을 얻고, 이를 자신의 수업 시간에 어떻게 도입할지 고민하기 시작할 때는 도움을 받을 수 없었다. 이런 필요 때문에, 우리는 교사들과 함께 하는 시간에 학생 참여 유도 프로젝트와 활동 만들기, 수업에서 툴 활용하기, 그리고 그에 따른 교육 방법에 대한 생각을 교환하는 데 중점을 두었다. 이러한 정보 전달을 위한 우리의 생각과 방법은 미슈라와 코엘러 Mishra and Koehler, 2006가 제안한 기술, 교육, 그리고 내용 지식 Technological Pedagogical and Content Knowledge : TPACK 프레임 워크에서 직접적인 영향을 받았다. 이 프레임 워크는 효과적인 수업을 하기 위해 기술을 이용하여 교사들이 필요로 하는 다양한 지식 분야들을 정의하고 활용하는 게 목적이었다. 푸엔테두라 Puentedura, 2013의 대체, 증강, 수정, 재정의 Substitution Augmentation Modification Redefinition : SAMR 모델은 단순히 기술만 제공한다고 해서 교사들이 기술에 의해 교육을 완전히 새롭게 정의 내릴 수는 없다는 것을 말한다. 이 두 가지 프레임 워크는 엄청난 도움이 되었다. 하지만, 어떤 것도 직무연수에 효과적으로 결합시켜 사용할 방법을 내놓지는 못했다.

거꾸로직무연수

- 경험에서 시작하기

직무연수 모델을 처음 설계할 때, 우리가 던진 가장 중요한 질문은 "우리가 교사들과 함께 하는 시간을 어떻게 사용할 것인가?"였다. 교사들과 함께 했던 경험을 토대로 몇 주에 걸쳐 깊은 성찰적 토론을 한 뒤, 우리는 유연한 직무연수 모델을 만드는 데 필수라고 느끼는 주요 요소들을 찾아냈다. 드디어 우리 아이디어의 윤곽을 그리고, 거꾸로직무연수 첫해를 위한 계획 초안을 만들게 되었다.

우리는 학교 일과 중에 교사들과 함께 할 모둠, 일대일, 그리고 종일 연수 등의 일정을 만들었다. 우리의 경험에 따르면, 학교 일과 전후에 교사들과 무언가를 함께 하기는 매우 어려웠다. 왜냐하면 교사들이 해야 할 일은 끝이 없었기 때문이다. 몇 주 전 한 초등학교 교장과 이야기를 나누면서, 우리는 대체 교사 순환제에 대해 알게 되었는데, 이 방법을 활용하면 한 번에 3명의 교사를 수업 시간에서 빼낼 수 있었다. 이러한 방식으로 우리는 하루에 12명의 교사들과 만날 수 있었고, 그동안에 대체 교사들이 두 시간마다 교실을 바꿔 가며 수업을 했다. 학년별이나 관심 주제에 따라 나눈 이 '워크숍' 그룹을 통해서는 매월 교사들과 대면할 시간을 마련할 수 있었다.

이후 우리는 몇몇 워크숍 그룹에서 교사들이 기술 지식 격차로 인해 스트레스를 받고 있다는 것을 발견했다. 진행 과정에서 배움을 가로막는 요소들을 최소화하기 위해 노력하며, 지속적으로 다듬어 나갔다.

유사한 프로젝트들을 진행하는 동료와도 일하고 싶지만, 비슷한 기술 활용 능력을 갖고 있는 동료들과도 함께 하고 싶습니다. 이쪽은 내가 잘하는 분야가 아니기 때문에 너무 빨리 진행되면, 강사를 이해하고 따라갈 수가 없어요.

— 교사 피드백, 2012년 8월

거꾸로직무연수를 진행한 두 번째 해가 지난 뒤, 우리는 교사들에게 설문조사를 하여 우리 모델의 어떤 요소가 가장 유익했는지 물었다. 크게 네 가지로 나타났다. 개별화된 지도 38%, 학교 일과 시간 내 연수 29%, 모둠이나 개인 세션 16%, 그리고 프로젝트 시행과 위험 부담에 대한 지원 13%이다. 이 조사는 우리가 관찰한 대로 개별 면담과 개인화된 지도가 가장 도움이 되었음을 입증해 주었다.

정말 좋았던 점은 내가 교실에서 활용할 수 있는 것들을 해 볼 수 있다는 점이었다. 이런 방식으로 내가 가장 필요할 때, 도움을 얻을 수 있었다. 또한 월 1회의 워크숍 일정으로 프로젝트를 수행할 시간을 좀 들여야 했지만, 다음 달에 지원을 받을 수 있었다.

— 교사 피드백, 거꾸로직무연수 설문조사, 2013년 5월

우리는 기술을 사용하여 교사들을 서로 연결시키고 대화가 이루어질 수 있도록 했다. 교사들은 대부분 고립된 채 일하며, 많은 경우 온라인 도구나 네트워크를 통해 다른 교사들과 관계 맺는 능력이 부족

했다. 심지어 같은 학군 내 교사들을 서로 연결시켜 주는 데도 헌신적인 노력과 인내가 필요했다. 우리는 고립된 상황에서 일하며, 동료들로부터의 영향, 격려, 그리고 동지애가 없으면 사람의 성장 잠재력이 제한된다는 것을 알고 있었다. 서로 관계를 맺은 교사들은 수업 자료와 경험, 가장 좋은 수업 방법을 나누고 지원 받는 혜택을 누릴 수 있었다. 우리는 모든 교사들을 구글 교육용 앱을 통해 연결시켰다. 기회가 있을 때마다 교사들에게 자료를 만들고 동료들과 공유하도록 했다.

> 우리가 하고 있는 몇몇 프로젝트에 대해 토론할 기회를 얻었고, 동료들끼리 서로를 지원하고, 아이디어를 키워 나갈 힘을 얻을 수 있었다.
> ─ 교사 설문 응답, 거꾸로직무연수 설문조사, 2013년 5월

학군 내 다른 교사들과 서로 관계를 맺을 수 있도록, 거꾸로직무연수 워크숍에서 유사한 프로젝트를 진행하는 교사들을 선별하고, 여름방학 동안 추가적인 협력을 할 수 있도록 함께 모이게 했다.

> 하계 직무연수 목표 : 전자 포트폴리오ePortfolio를 만드는 다양한 방법 배우기. 교사 개개인에게 가장 알맞은 모델 결정하기. 2012학년도에 실시하기. 전자 포트폴리오의 장단점 기록하기. 다른 교사들과 공유하기.
> ─ 학군 내 5명의 교사들이 공유한 협력 문서에서 발췌한 내용

워크숍 이외의 시간에도 교사들이 볼 수 있도록 온라인 디지털 콘텐츠도 제공했다. 이를 통해 우리는 기술 도구를 배우기 위해 사용하는 시간을 개별 학습 공간으로 옮기고, 우리가 교사들과 함께 하는 시간에는 성찰하며 대화를 하거나, 교실 변화를 위한 기술 활용 방법에 대해 좀 더 심도 깊게 탐구할 수 있었다. 간단한 사용법은 동영상으로 만들었다. 교사들은 여가 시간에, 그리고 자기 속도에 맞추어 이 디지털 콘텐츠를 시청할 수 있었다. 많은 교사들에게 동영상 사이트를 탐색하거나 동영상을 통해 설명을 듣는 것 자체가 새로운 경험이었다.

여러분이 보내 준 동영상을 보는 것은 멋졌습니다! 그리고 나는 예전에 하고 싶었지만 시도하기 무서웠던 모든 일들을 이제 할 수 있게 되었습니다. 동영상을 통해 여러분이 만들어 준 사용법을 시청하는 게 정말 재미있었습니다. 환상적인 수업 도구예요. 정말 기분 좋게 감사 인사드려요!
— 개별화된 설명 영상을 받아 시청한 교사가 보내 온 이메일 내용

이런 일이 생기기 전까지, 교사들은 새로운 기술 도구에 대해 배우려면 우리와 함께 시간을 보내야만 한다고 생각해 왔다. 우리는 교사들과 함께 하는 시간을 간단하게 바꿈으로써 우리 역할에 대해 다시 정의를 내렸다. 아마도 대다수 거꾸로배움을 하고 있는 교사들과 똑같을 것이다. 오늘날 다시 생각해 보면, 이 변화가 우리 인생에 가져

온 변화는 실로 의미심장했다. 이제 세 번째 과정에 들어서고 있지만, 이러한 요소들은 우리 거꾸로직무연수 모델의 기초로 남아 있다.

2011년 6월, 거꾸로직무연수 모델 개발을 완성한 지 두 달 후, ISTE는 효과적인 직무연수의 요소에 대한 백서를 내놓았다. '초·중등교육의 직무연수 개선을 위한 기술, 지도, 그리고 지역 협력 강화'란 문서에서 교사들을 위한 유력한 직무 학습 환경을 마련하는 데 필요한 세 가지 요소를 다음과 같이 정리했다.

ISTE는 다음 세 가지 갈래의 방법론을 21세기 직무 학습 경험을 이루기 위해 포함시킬 것을 제안한다. 이는 교사들을 더 잘 준비시켜 학생들의 배움을 효과적으로 도울 수 있게 하기 위한 것이다. 세 가지 방법론은 다음을 포함한다.

- 효과적인 지도 모델
- 교사들의 폭넓은 협력과 아이디어 공유를 위한 온라인 커뮤니티
- 수업 시간 내 기술 활용의 완전한 도입

이 세 가지 요소들을 하나의 직무 학습 전략에 포함시킴으로써, 연수 지도자들은 교사들에게 더 유력한 학습 환경을 개발할 수 있고, 이를 통해 직무연수를 강화하여, 교사들이 학교로 돌아갔을 때 학생들을 성공적으로 교육할 수 있을 것이다.ISTE, 2011

우리의 거꾸로직무연수 모델과 ISTE의 백서가 같은 맥락에 있다는 점은 주목할 만하다. 우리는 한 팀이라는 확신을 가지고 진행해 나갔다. 인간의 학습 방법과 위험 감수 이유에 대한 우리의 집단적 경험이 토대가 되어 교육자로서 우리가 누구인지, 교사들과 어떤 방식으로 함께 해 나갈지 구체적으로 알고 있었던 것이다. 우리는 우리가 내린 결정들에 어떻게 도달했는지 알게 되었다. 거꾸로직무연수는 혁신적이었다. 그리고 그것은 이 모델을 창출해낼 기회와 시간, 장소, 그리고 자유에서 얻었진 결과였다.

- **디지털 자원, 개별화로 가는 길**

디지털 콘텐츠는 우리가 수년 간 해 온 일의 일부였지만, 거꾸로직무연수를 시행한 첫해에 이르러서야 동영상이 교사 직무교육에서 새로운 역할을 맡게 될 것이란 걸 알았다. 우리는 동영상을 주제별로 구조화하기로 했다. 기존에 사용하던 툴에 따라 나누는 방식을 버리고, 대신 소통, 협력, 창의적 미디어와 프리젠테이션, 이렇게 네 주제로 동영상을 묶었다. 각 부문에는 도구에 특화된 동영상과 사용 방법을 안내하는 동영상을 담았다. 또한 특정 도구와 방법을 이용한 프로젝트를 보여 주는 동영상도 만들었다. 예를 들어, 협력 부문에서는 한 동영상을 통해 구글 문서 도구 Google Docs를 차근차근 설명하고, 문서를 공유해서 학생과 교사가 협력하고, 편집하고, 서로의 작품을 평가하는 내용을 담았다. 협력 부문의 프로젝트 공개 동영상은 학군 내 한 교실에서 구글 문서 도구를 이용해 디지털 신문을 만들어 내는 과정을 보여 주었다. 이 두 종류의 동영상을 결합하는 것이 우리가 교사들과 함께 하는 작업의 핵심 요소였다. 왜냐하면 기술 도구에 대한 맥락을 제공하며, 교실에서 기술이 만들어 내는 변화의 힘을 심도 깊게 탐구할 수 있게 하기 때문이다.

거꾸로직무연수 모델을 활용한 첫해 내내, 우리는 디지털 자원의 사용법을 계속해서 수정해 나갔다. 처음에는 특정 주제에 대한 동영상을 볼 수 있도록 교사들을 무들Moodle, 대표적인 무료 학습관리시스템 사이트에 보내는 것이 쉬웠다. 동영상을 제작하기 위해 우리는 질 높은 스크린캐스팅 소프트웨어를 사용했지만, 제작 시간이 오래 걸렸다. 결국 교사들의 요구와 관심은 우리가 만들어 놓은 자원을 뛰어넘었다. 우리는 계속 동영상을 제작했지만, 교사들은 학기 중에 더 자발적으로 만들어 가고 있었다. 우리가 제작하는 디지털 자원은 좀 더 개별화되기 시작했다. 개별 교사의 필요에 맞추다 보니, 전보다 훨씬 더 많이 교사들을 발전시킬 수 있었다. 물론 모든 교사들이 동영상으로 배우기를 좋아하지는 않았다. 다음과 같은 피드백도 받았다.

어떤 분야에 도움을 요청했을 때, 글로 된 설명이 있어야 사용자나 학습자가 다시 돌아볼 수 있고, 다시 시도해 보며 능력을 키울 수 있다.

심지어 이런 내용도 있었다.

> 나는 아직도 안내 자료에 접속하는 방법을 이해할 수가 없습니다. 이거야말로 제가 더 알고 싶은 부분인데, 어떻게 해야 접속이 되나요?

어떤 교사들은 아직도 동영상을 통해 배운다는 발상에 익숙해지고 있었고, 심지어 어떤 경우는 어디서 동영상을 찾아야 하는지부터 배우고 있었다! 바로 이러한 점들이 우리가 이 모델을 계속해서 수정하는 이유이다. 어떻게 하면 모든 교사들이 자신의 견고한 학습 목표를 세우고, 또 어떻게 하면 그들이 디지털 자원을 쉽게 활용할 수 있도록 할 수 있을까? 기본적인 기술을 검색하고 파일 관리 능력을 갖추면, 교사는 스스로 하는 사람 Do It Yourselfer 으로 변신할 가능성이 커진다. 어쩌면 이에 대한 동영상을 만들어야 할지도 모르겠다!

- **새롭게 떠오르는 코치**

매월 교사들과 모둠으로 함께 하는 시간을 갖게 되자 신뢰 관계가 형성되었다. 교사와 우리의 관계를 동등한 파트너로 생각하고 접근한 것이 매우 중요했다. 『효과 높은 수업법 High-Impact Instruction』의 저자 짐 나이트 Jim Knight, 2012 는 직무 교육에서 '파트너십 접근법 Partnership Approach'의 중요성에 대해 설명했다. "전문직을 가진 사람들에게 무엇을 하라고 하고, 그걸 시키는 대로 할 것이라고 기대하는 하향식 접근 방식은 거의 항상 거부감을 일으킨다."

기존 모델에서 거꾸로 학습 환경으로 옮겨 갈 때 보이는 역할의 변화는 매우 흥미롭다. 교사들과 가깝게 일하면서 우리는 '서서 내용을 전달하는' 발표자 역할에서 코치 역할로 천천히 변모했고, 결국 교사들과 매우 가까운 파트너가 되었다. 그러나 처음부터 그랬던 것은 아니다. 스틸워터 시 초등학교 교사들이 거꾸로직무연수 워크숍을 시작했을 때, 많은 교사들이 어떻게 시간을 보내게 되는지, 무엇을 해야 하고 배워야 할지, 배운 것을 실수 없이 정확하게 해야 하는 건지 등을 이유로 주저하고 있었다. 그런데 워크숍은 개인적인 탐구와 배움 그리고 성장을 위한 시간이며, 함께 즐기고 자신의 능력과 우유부단함과 두려움 등의 취약점을 보완할 수 있는 곳임을 교사들이 일단 인식하자, 물리적인 변화가 나타나는 걸 볼 수 있었다. 그들은 마음을 편히 먹고, 움직이기 시작했다. 워크숍은 종종 '시간이 얼마나 빨리 지나갔는지 모르겠다'거나 '이런 시간이 좀 더 많았으면 좋겠다'는 평가로 끝이 났다. 우리 연수의 코칭에 대한 연말 피드백은 다음과 같다.

거꾸로직무연수에서 보낸 시간은 매우 값졌다! 거꾸로직무연수에는 내 바로 옆에서 격려해 주고 도와주며 통찰력 있는 질문들을 던지는 코치들이 있었을 뿐 아니라, 실제로 연습해 볼 수 있어서 너무 좋았다.

또한 위험 감수에 대한 의견도 있었다.

이 워크숍을 통해 나는 나만의 안식처에서 벗어날 수 있었고, 이러한 지원이 없다면 절대 해 볼 생각조차 못했을 프로젝트를 시도할 수 있었다.

교사들의 장점과 관심에 대해 알아갈수록, 교사들의 목표로 이끄는 각기 다른 경로를 협의하기가 쉬워졌다. 어떤 교사는, 학급 웹사이트를 만들고 유지하는 것이 목표였고, 또 어떤 교사는 맡고 있는 2학년 학생들에게 블로그를 사용하게 하는 것이 목표였다. 완전히 다른 두 목표에는 전혀 다른 방법이 필요했다.

거꾸로직무연수 모델의 영향력은 기대보다 훨씬 더 강했고, 교사들과 함께 한 이후의 파급 효과는 더욱 두드러졌다. 자신감 넘치고 풍부한 지식을 갖고 있는 교사가 동료 교사에게 미치는 영향도 무시할 수 없다. 프로젝트를 이행하고 있는 교사들과 좀 더 가깝게 작업하면서, 우리는 워크숍 이후에도 그들을 만날 필요가 있었다. 스테이시는 초등학교 2학년을 맡고 있는데, 거꾸로직무연수 모델을 시행한 첫해 봄학기부터 워크숍에 함께 하기 시작했다. 이듬해 가을, 그녀는 준비한 학습 목록을 가지고 모든 거꾸로직무연수 워크숍에 참석했다.

어느 날 모임이 끝날 무렵까지, 스테이시는 학습 목록의 반도 마치지 못한 적이 있었다. 우리는 그녀에게 워크숍 기간 이외에 함께 모임을 하자고 제안했다. 스테이시는 2학년 학생들과 함께 블로그 활용에 무작정 뛰어들었는데, 그런 그녀를 위한 특별 강화 학습이 시작된 것이다. 우리는 스테이시의 교실을 방문하여 학생들과 함께 배우도록 격려하고, 도구 활용과 방법을 담당하도록 했다. 스테이시는 실패를 두려워하지 않았다. 실수를 할 때마다 배우는 것이 있었기 때문이다. 그녀는 겁내지 않았고, 계속 앞으로 나아갔다. 우리와 주고받은 이메일과 거꾸로직무연수 자료는, 스테이시가 자신이 찾던 일을 하는 데 길잡이가 되었다. 블로그 게시물의 링크들과 동영상 설명서도 그녀에게 공유해 주었다.

그러던 어느 날, 우리는 우연히 스테이시 건너편 교실에서 가르치는 교사와 대화를 나누게 되었는데, 그녀도 학생들에게 블로그를 시작하게 만드는 데 관심이 있다고 전해 왔다! 그녀는 분명 스테이시의 수업에 일어난 변화에서 자극을 받은 것이다. 이것은 우리가 거꾸로직무연수에서 예상한 결과는 아니었다. 그러나 이 사건으로 인해 우리는 한 개인의 잠재력에 영향을 미치기 위해 창의적이고 위험을 감수하는 노력을 지원하고 격려하면, 그 주변 사람들의 잠재력에도 영향을 미치게 된다는 사실을 알게 되었다. 우리 영향력의 범위는 넓어졌다. 이러한 에너지는 종종 눈에 띄지도 않고, 거의 동력화되지도 않는다. 하지만 우리는 사람의 힘을 목격했고, 우리가 교사들과 함께하는 시간에 대한 투자 방식을 바꾸어 놓았다. 지나치게 작은 성공이란 없으며, 지나치게 큰 위험도 없다. 혁신을 위해 이런 생각은 필수적이다.

∵ 균형 맞추기

좁은 널빤지 가장자리에 서 있다고 상상해 보라. 땅바닥은 300미터 아래에 있다. 앞으로 뻗어 있는 외줄 한 가닥에 발가락을 얹는다. 당신의 눈은 외줄에 집중되어 있다. 그리고 앞으로 나아가야 된다는 걸 알고 있다.

거꾸로직무연수 워크숍을 통해 교사들과 함께 일하면서, 우리는 이 외줄의 은유를 사용하기 시작했다. 우리는 때때로 상상했다. 교사들에게는 하늘 높은 곳에 묶여 있는 외줄 타기를 강요받는 느낌이었을 것이다. 또 무엇인가를 이해하는 데 있어서 학생들조차 이미 이 외줄을 넘었는데, 정작 교사는 마치 세상에서 자신이 가장 이해력이 떨어진다는 느낌을 받을 수 있다고 생각했다. 직무연수를 거꾸로 바꾸면서, 우리는 교사를 위한 개별화된 수업 환경을 만들어 주었다. 그리고 학생들이 그러하듯, 교사들 또한 학습과 관련하여 위험을 감수하라는 요구를 받을 때 주저한다는 것을 발견했다. 특히 기술과 관련된 학습에서는 더욱 그랬다. 우리는 자신이 배운 내용을 수업에 반영하고 자신의 수업 방식과 학습에 변화를 일으키고자 하는 그들의 용기를 보았다. 기존에 해 온 역할과 달리, 우리는 대부분의 시간을 교사들을 지원하고 격려하여, 외줄을 걷는 데 필요한 집중력, 결단력, 믿음과 약점마저 지닌 채, 은유적 표현인 자신만의 '외줄'을 향해 첫걸음을 떼도록 도왔다. 그리고 그것은 정말로 인간적이고도 보람 있는 일이었다.

∴ 혁신 개척하기

혁신에는 신뢰가 필요하다. 혁신적인 아이디어를 장려하는 많은 사람들은 다니엘 핑크가 자신의 저서 『드라이브 Drive』에서 주장하는 것과 같은 생각을 갖고 있다. 사람이 매일 회사에 출근을 하여 최선을 다할 정도로 신이 나려면 세 가지가 꼭 필요하다. 자율성, 숙달된 지식, 그리고 목적. 어떤 조직이 이런 업무 환경을 만들어 내는 리더들을 고용하여 회사의 비전을 존중하려고 할 때, 조직 전체에 느껴지는 에너지가 있다. 사람들이 창조, 개선, 그리고 혁신의 동기가 부여됐을 때 경험하게 되는 그 에너지와 힘은 전염성이 강하다.

혁신에 관한 이야기는 점점 더 일상적인 것이 되어 가고 있다. 스틸워터 시에서 볼 수 있는 직함의 명칭도 이런 변화를 반영하고 있다. 예를 들면 '기술 통합 전문가'라는 직함에서 '기술 및 혁신 코치'로 바뀌었다. 이러한 직함 개명 작업은 모두 혁신적인 수업 및 학습과 기술력을 서로 맞추어 가고 조정하며 통합하는 데 필요한 작업의 일부이다.

거꾸로직무연수 모델을 개발하고, 실행한 우리의 경험을 토대로 생각해 보면, 교육청에서 미래의 유망한 수업 방법을 발견하고 개발하고자 하는 희망에서, 작은 규모로 아이디어를 담아낼 수 있는 장을 제공하는 것은 의미가 있다. 대중들이 만든 정보에 기반한 크라우드 소싱Crowd Sourcing*과 트위터에서 아이디어와 가능성 있는 수업 방법을 찾는 현재 지형에서, 이 같은 소규모의 연구와 개발 노력은 아이디어를 부담 없이 다루고 조정하며 혁신적인 교사들 사이에 널리 퍼질 수 있는 장을 만들어 낸다.

우리는 혁신의 섬에 살아가고 있고 이 혁신의 섬들은 점점 퍼져 나가기 시작했다. 대다수의 거꾸로배움 교육자들은 거꾸로배움을 보다 나은 교육 방법으로 나아가기 위한 다리로 설명한다. 다리 혹은 외줄는

---

* 크라우드 소싱이란 '대중'(crowd)과 '외부 자원 활용'(outsourcing)의 합성어로, 기업이 제품이나 서비스 개발 과정에서 외부 전문가나 일반 대중이 참여할 수 있도록 하고, 참여자 기여로 혁신을 달성하면 수익을 참여자와 공유하는 방법을 말한다.

보이는 것만큼 무섭지도 않고, 또 우리가 앞으로 직면하게 될 혁신도 두려울 것이 없다. 거꾸로배움은 전환이다. 첫 단계부터 그 뒤에 따르는 모든 단계가 그렇다. 그것은 교사들에게 교육 여행의 경로를 다른 곳으로 전환하도록 하는 방법이다. 그리고 우리의 거꾸로배움 경험을 통해 보면 교사들도 바로 그곳에 있기를 원하고 있다.

거꾸로직무연수에 관해서는 우리가 전문가로서 일으킨 변화들을 마무리 짓지 않을 수 없다. 우리는 의도적으로 제공한 콘텐츠와 코칭이 교사들에게 미치는 영향력을 보았다. 거꾸로직무연수는 직무연수를 위한 최상의 아이디어들을 한데 묶어 놓았다. 개별 교사들을 위해 만들어진 디지털 자원들이 직무연수의 코칭과 결합될 때 가장 효과적인 혁신을 위한 무대가 만들어진다.

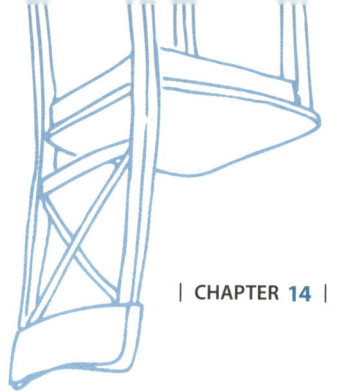

| CHAPTER 14 |

교육에 뿌릴 달콤한 소스

이 책을 시작하면서, 우리는 현 교육계가 과거 우리가 학생이었을 때와는 근본적으로 달라졌다고 언급했다. 정보가 부족했던 우리 때와는 달리, 현재의 학생들은 정보가 충만하고 전 지구적으로 연결된 시대에서 자라고 있다. 이러한 근본적인 변화로 인해 수업과 학교 운영 방식에 극적인 전환이 요구되고 있다.

여기서 교사들이 각각 들려준 이야기들은 바로 그 변화를 반영하고 있다. 거꾸로배움으로 교사들은 가르침의 핵심에 도달하게 되었다. 교사들은 여전히 자신의 교과 내용을 가르치고 있지만, 거꾸로교실 기본형을 거쳐 자신들의 수업을 더 깊고 더 넓은 거꾸로배움으로 이끌어 갔다. 주목할 만한 것은 그들이 각자 독자적으로 '단 하나의 질문 : 학생들과 마주하는 시간을 최선으로 사용하는 법은 무엇인가?'에 대한 답을 가지고 있다는 점이다. 교사들은 모두 자신만의 변화 스토리를 가지고 있지만, 하나의 공유점이 있으니, 학습 내용, 학생들의 호기심, 그리고 학생-교사의 관계가 교차하는 지점에서 위대한 배움을 어떻게 키워 가야 할 것인가 하는 점이다.

'단 하나의 질문'은 비단 교사들만을 위한 것이 아니다. 학교 관리자들도 이 질문에 대해 생각해 보길 권한다. 직원들과 대면하는 시간을 가장 효율적으로 사용하는 방법은 무엇인가? 많은 경우, 관리자들은 이 아까운 시간을 허비해 버리고 만다. 교직원회의를 거꾸로 해 본다면 어떻게 될까? 교직원회의가 단지 정보를 흩뿌리는 시간이 아니라, 좋은 수업 방법에 대한 풍부한 토론 시간이 되면 어떨까? 회의 중에 교사들이 집중하지 않고 있는가? 이메일을 확인하거나 채점하고 있는가? 이러한 광경이 수업 중에 교사의 강의가 지루해서 페이스

북에 접속하거나 친구들에게 문자를 보내는 학생들의 모습과 무슨 차이가 있을까? 그렇다면 테크놀로지 이메일과 같은 아주 평범한 것일지라도로 회의 내용을 교사들에게 '전달'해 주어서, 서로 대면하는 시간을 풍부하고, 가치 있고, 공감가게 해 줄 수 있는 것 아닐까? 거꾸로배움 방법을 교직원회의에 도입한 많은 관리자들은 이제 교직원회의가 어느 때보다 더 깊어졌다고, 또한 학교가 보유한 가장 가치 있는 자원, 즉 훌륭한 교사들이 갖고 있는 창의적 마인드를 훨씬 더 가치 있게 활용할 수 있게 되었다고 우리에게 말해 주었다.

거꾸로교실, 그리고 이제 거꾸로배움의 이야기를 전 세계에 걸쳐 나누면서, 우리는 교사들이 학생들에게 보여 주는 헌신에 감동받았다. 교사들은 학생들에게 가장 좋은 것을 베풀어 주고 싶어 하는 헌신적이고 배려 깊은 사람들의 집단이다. 교사들은 뭔가 변화가 필요하다는 것을 알고 있지만, 대부분 변화를 향한 움직임에 도움이 될 디딤돌이 꼭 필요하다. 많은 선생님들은 명시적으로 주어진 학습 기준대로 모든 학생들에게 획일적인 방법으로 동시에 전달하도록 강요하는 학습 내용 중심의 시스템에 갇혀, 탈진 상태에 이르렀다. 학생들은 가지런히 정렬된 줄에 맞춰 앉아, 같은 내용의 수업을, 같은 날에 배운다. 그러나 교사가 이러한 수업 방식을 정직하게 뒤돌아보면, 학생들이 실제로는 동시에 배우고 있지 않다는 사실을 알게 된다. 단지 학생들은 동시에 같은 수업 내용에 노출되었을 뿐이다. 교사들은 자신이 배워 온 방식대로 가르치고 있으며, 스스로가 반드시 지식의 원천이 되어야 한다는 패러다임 안에 갇혀 있던 것이다. 그들은 세상이 변했음을 알고 있고, 디지털로 연결되어 있고, 세계화에 눈뜬 세대의 학생들과 어떻게 접속해야 할지 알아내기 위해 힘겨운 노력을 하고 있다.

학업 성취 기준은 조만간 없어질 것도 아니고, 또 그리 되어서도 안 된다. 구글의 CEO였던 에릭 쉬미트에 따르면, 우리가 인간이라는 종족으로서 태초부터 2003년도까지 만든 것과 같은 양의 정보를 이제는, 이틀마다 창조해내고 있다고 한다. 시글러 Siegler, 2010 시글러의 논문은 2010년에 발표되었으니 위의 비율은 현재 훨씬 더 현저해졌을 것이다. 이 맥락에서 무엇을 '정보'로 인정하느냐에 논란의 여지가 있고, 실제 숫자가 얼마가 되었든 간에, 이 세상은 확실히 정보가 부족한 세상이 아니다. 사실 지금 세상에서의 어려움은 더 이상 충분한 정보를 얻는 것이 아니라, 오히려 넘쳐 나는 정보를 의미 있고 유용한 것으로 걸러 내는 방법을 아는 것이다. 인간이 세상에 대해 알아야 할 모든 것을 알 수 있고, 또한 세상에 존재하는 출판물들을 거의 모두 읽을 수 있던 때가 분명 있었을 것이다. 하지만 그런 시대는 이제 지나간 지 오래이니, 학부모들과 교육자들은 이제 결정을 내려야 한다. 우리는 학생들이 적은 것에 대해 많은 지식을 갖기를 원하는가? 아니면 많은 것에 대해 적은 지식을 얻기 원하는가? 과연 우리는 정해진 기준에 맞게 학생들을 가르칠 것인가? 아니면 그 기준을 학습을 위한 최소한의 요구 조건이나 기본 틀로만 사용할 것인가? 우리는 학생들이 배움의 기술에 집중하도록 해서 점점 더 복잡해지는 세상을 항해할 수 있도록 해야 하지 않을까? 어떤 것들은 다른 것보다 훨씬 더 습득할 가치가 있는 건 않을까? 그렇다면 그것이 무엇인지 어떻게 결정할 수 있는가? 이러한 질문들에 대한 답은 세상에 대한 철학적, 과학적, 그리고 존재론적 이해에 따라 다양할 것이다. 그러나 답이 무엇이든, 거꾸로배움은 교육 환경에서 가지고 있는 역할이 있다. 그것이 어떤 학교, 어떤 학습 환경에서 어떤 형태를 띠든, 교과 학습을 더욱 커다란 교육적 맥락에서 가장 효과적으로 만드는 데 도움이 된다는 점이다.

거꾸로배움은 교사들이 가장 잘하는 일을 할 수 있게 해 준다. 학생들의 배움을 돕는 일 말이다. 학생들에게 필요할 때 교사가 학생 개개인에게 중요한 수업 내용을 전달하는 것이 가능하기 때문이다. 더 이상 교사들은 수업 진도표에 따라 융통성 없이 수업을 전달하지 않아도 된다. 거꾸로배움의 최소 효과는 교사들이 학생들의 차이를 인정함으로써 개개인에게 맞는 교육을 할 수 있게 해 주는 것이며, 나아가 학생의 선택과 흥미, 자율성을 통한 교육의 개별화를 가능케하는 것이다. 또한 거꾸로배움은 모든 학년, 수준이 다른 학생들의 학습 욕구에 대처할 수 있는 충분한 유연성을 가지고 있다.

스티브 켈리가 잘 표현했다. "나이 많은 선생님이 어떻게 하면 더 잘 가르칠 수 있을까?" 그는 뭔가 망가진 것을 알고 있었지만, 어떻게 학생들에게 좀 더 깊이 있는 학습을 시킬 수 있을지 감이 오지 않았다. 이 주제는 이 책에 등장하는 저자들에게서 끝없이 반복된다. 그들은 자신들이 교육하는 시스템이 무너진 것을 알았고, 앞으로 나아갈 길이 필요했다. 그들 각각은 자신만의 길 위에서 거꾸로교실 기본형을 발견하고 빠져들었다. 수업 영상을 만들고 교실 배치를 바꾸고 엄청난 시간을 할애하고 새로운 것을 시도하며 위험을 감수했다. 그들의 시도는 성공적이었지만, 심지어 그렇게 된 뒤에도 아직 훨씬 더 많은 것이 남아 있음을 깨닫게 되었다.

거꾸로교실 기본형이 수업 방식을 변화시켰음에도, 이 교사들은 여전히 만족하지 않았다. 그들은 학생들을 더욱 깊고 넓은 곳으로 이끌며, 거꾸로배움이라는 처음 보는 미지의 영역에 들어섰다. 그들은 무엇을 발견했을까?

그들이 발견한 것은 오랫동안 주변에 있던 잘 연구된 학습 방법들, 예컨대 프로젝트 기반 학습, 설계를 통한 이해 기법 Understanding by Design, 탐구 학습, 완전 학습 같은 것이었다. 여러 측면에서 거꾸로배움의 근본적인 발상은 새로운 것이 아니다. 하지만, 거꾸로배움만의 독특한 특징은 실용적이며 실현 가능한 방법을 기존 방식에 익숙한 교사들에게 제공해서, 이전에 그들이 생각한 것보다 훨씬 깊고 넓은 배움으로 학생들을 이끌게 한다는 점이다. 거꾸로배움으로 변화한 많은 교사들은 어떻게 그것이 자신의 직업을 되살아나게 했는지 이야기해 주었다. 어떤 이들은 교직을 아예 포기할 준비를 하고 있었다. 델리아 부시 같은 교사는 행정직으로 자리를 옮길 계획이었다.

교사는 자신의 학생들을 위해 최고의 것을 해 주길 갈망하지만, 그리할 방법이 간단치 않았다. 어떤 사람들은 거꾸로교실이 너무 단순한 아이디어라고 우리에게 이야기해 왔다. 그 말이 맞다. 우리는 거꾸로교실을 거꾸로배움이란 더 귀중한 경험으로 가는 관문이라고 생각한다. 브라이언 게르바세는 일리노이 주 다우너 그루브 지역의 고등학교 수학 교사이다. 그는 일찌감치 콜로라도에서 열린 우리 모임에 참여했다가 거꾸로교실 기본형을 2년간 시도했다. 학생들은 잘 해냈지만, 교사는 학생들을 다음 단계로 이끌고 싶었다. 지난 1년간 그는 우리의 첫 책인, 『당신의 수업을 뒤집어라』에 기록된 거꾸로완전학습 기법을 시도했다. 그리고 존 버그만에게 이메일을 보냈다. "이것이야말로 신의 한 수 game changer라고 말하지 않을 수 없네요. 저와 우리 학생들은 이제 수업 시간에 전에 없던 즐거움을 맛보고 있어요. … 힘들이지 않고도, 이제 학생들은 자신이 가장 잘 공부할 수 있는, 자신만의 편안한 방식에 빠져듭니다. … 어떤 아이는 읽고 … 어떤 아이는 수업 영상을 보고, 어떤 아이는 저한테 개별적으로 듣길 원합니다. 정말 마법이에요." 후에 존이 또 다른 모임에서 브라이언을 마주치자 그는 이렇게 말했다. "어떻게 이걸 그렇게 오랫동안 놓치고 있었을까요?

이제 거꾸로교실에 대해서는 또 다른 반쪽, 거꾸로배움에 대해 이야기하지 않고는 다른 사람에게 말할 수가 없어요. 마치 교육에 뿌릴 달콤한 소스를 찾아낸 것 같은 느낌이에요."

우린 모두 '달콤한 소스'를 찾고 싶어 하지 않는가? 당연하다! 그러나 우리는 훨씬 더 밀어붙여서, 교육에는 하나가 아닌 여러 종류의 달콤한 소스가 존재한다고 주장하고 싶다. 학생 개개인이 모두 다르기에, 아이들에겐 각자 자신만의 달콤한 교육 소스가 필요하다. 이상적인 거꾸로배움 환경에서라면, 교사는 학생들이 선택하는 교육 방법 메뉴를 개발할 것이다. 학생들은 수업 영상이나 교과서 혹은 웹사이트나 온라인 시뮬레이션, 아니면 직접 참여하는 학습 활동이나 학생 창의 프로젝트, 또는 진짜 세상 문제 풀어내기 같은 방법으로 배울 수 있다. 그리고 교사들은 학생들의 나이, 감당할 수 있는 선택과 자율성의 수준, 그리고 특정 단원에 도움이 될 학습 자료 등을 고려해 이런 선택 사항을 개발할 것이다. 그렇다면 우리는 도대체 왜 이렇게 오랜 시간 모든 학생들에게 같은 종류의 소스만을 제공했던 것일까?

『아웃라이어 Outliers』2008와 『티핑 포인트 Tipping Point』2000의 저자 말콤 글래드웰은 2004년도에 TED 토크 발표에서 스파게티 소스에 대해 이야기했다. 그는 프레고 사의 스파게티 소스에 가장 적합한 맛을 찾으라는 특명을 받은 하워드 모스코위츠에 대해 소개했다. 모든 사람들이 좋아하는 한 가지 소스 맛을 찾는 대신, 하워드는 다양한 종류의 스파게티 소스를 많이 만들어 보자고 프레고 사를 설득했다. 모스코위츠 이전 식품 제조업자들 대부분은 소비자들이 대체적으로 좋아할 한 가지 맛의 레시피를 찾는 데 집중했다. 모스코위츠의 주장은 소비자들에게 한 가지 소스만을 제공하기보다는 여러 종류의 맛을 제공하는 것이 더 낫다는 것이었다. 프레고 사는 그의 조언을 받아들였고 6억 달러를 벌어들였다. 사람들에게 다양한 선택권을 제공함으로써 말이다. 하워드의 연구는 스파게티 소스에 관해 사람들에게 자신만의 선호하는 맛이 있음을 보여 주었다. 다른 누군가의 기호에 따른 한 가지 선택보다 사람들은 다양한 선택, 즉 메뉴를 제공받길 원하는 것이다.

교육적인 관점에서 볼 때, 거꾸로배움은 이와 유사하게 학습자 개개인에게 맞춘 주문형 학습 경험을 제공하는 방법이다. 정부와 사설 기관들은 모든 학생들의 교육 요구에 부합하는 단일한 교육 방식을 개발하기 위해, 수백만 불 혹은 수십억 불을 쏟아부었다. 그러나 어떤 단일한 시스템으로도 이 어마어마한 임무를 해낼 수 없고, 그래서도 안 된다. 모든 학습자는 다르다. 그리고 우리는 학생 각자가 선호하는 교육 방식과 요구를 존중할 필요가 있다. 우리는 학습 내용의 가치를 인정하지만, 학생들이 자신의 학습 방식을 선택할 수 있는 교실을 그리고 있다. 거꾸로배움은 이런 작은 알갱이 같은 개인화를 교실에서 가능하게 해 준다. 이 책에 기고한 저자들은 획일화된 교육 방식에서 벗어나 학습자 개개인의 필요를 만족시켜 가고 있다. 자, 이제 여러분, 우리 독자들에게 도전을 제안한다. 단순히 당신의 교실을 거꾸로 만드는 것에 그치는 것이 아니라, 학생과 교사의 두터운 관계 속에서, 좀 더 깊고 넓은 거꾸로배움으로 나아가기를.

| 참고문헌 |

Bennett, B. (2012, May 16). Redesigning learning in a flipped classroom [Blog post]. Retrieved from www.brianbennett.org/blog/redesigning-learning-in-a-flipped-classroom/

Bergmann, J., & Sams, A. (2012). *Flip your classroom: Reach every student in every class every day*. Eugene, OR: ISTE/ASCD.

Biancarosa, C., & Snow, C.E. (2006). *Reading next—.A vision for action and research in middle and high school literacy. A report to Carnegie Corporation of New York. (2nd ed.)*.Washington, DC: Alliance for Excellent Education.

Bloom, B. (1956). *Taxonomy of educational objectives, handbook I: The cognitive domain*. Philadelphia, PA: David McKay.

Budin, H. (2011). Technology and democracy. Conference talk conducted from Teachers College, Columbia University, New York.

Budin, H. (2010). Changing roles of the citizen in American history. Lecture conducted from Teachers College, Columbia University, New York.

Colorado Department of Education School Performance. (2012). State performance framework for Discovery Canyon Campus [Data set]. Retrieved from http://cedar2.cde.state.co.us/documents/DPF2012/1040%20-%203%20Year.pdf

Dewey, J. (1916). *Democracy and education*. Institute for Learning Digital Classics. Retrieved from www.ilt.columbia.edu/?s=dewey+democracy

Driscoll, T. (2012). *Flipped learning and democratic education: The complete report*. Retrieved from www.flipped-history.com/2012/12/flipped-learning-democratic-education.html

Gladwell, M. (2008). *Outliers: The story of success*. New York, NY: Little, Brown.

Gladwell, M. (2000). *The tipping point: How little things can make a big difference*. New York, NY: Little, Brown.

Graham, S., & Perin, D. (2007). *Writing next: Effective strategies to improve writing of adolescents in middle and high schools—.A report to Carnegie Corporation of New York*. Washington, DC: Alliance for Excellent Education.

Hattie, J. (2009). *Visible learning: A synthesis of over 800 meta-analyses relating to achievement*. New York, NY: Routledge.

Hattie, J. (2003, October) *Teachers make a difference: What is the research evidence?* Australian Council for Educational Research Annual Conference on: Building Teacher Quality. Retrieved from www.acer.edu.au/documents/Hattie_TeachersMakeADifference.pdf

Hattie, J. (1999, August 2). Influences on student learning. Inaugural lecture conducted from The University of Auckland. Retrieved from www.education.auckland.ac.nz/webdav/site/education/shared/hattie/docs/influences-on-student-learning.pdf

International Society for Technology in Education (ISTE). (2011). *Technology, coaching, and community: Power partners for improved professional development in primary and secondary education* [White paper]. Retrieved from www.iste.org/learn/coaching-white-paper

Kahne, J., & Westheimer, J. (2004, June 20). What kind of citizen? The politics of educating for democracy. *American Educational Research Journal*, 41(2), 237–.269.

Kahne, J., & Westheimer, J. (2003, September). Teaching democracy: What schools need to do. *Phi Delta Kappan, 85(1)*, 34–.67.

Knight, J. (2012). *High-impact instruction: A framework for great teaching*. Thousand Oaks, CA: Corwin.

Kohn, A. (2007). *The homework myth: Why our kids get too much of a bad thing*. Cambridge, MA: Da Capo Press.

Marzano, R. J., & Pickering, D. J. (2007, March). Special topic: The case for and against homework. *Educational Leadership, 64*(6). Retrieved from www.ascd.org/publications/educational-leadership/mar07/vol64/num06/The-Case-For-and-Against-Homework.aspx

Maxwell, J. (2001). *The power of attitude.* Tulsa, OK: RiverOak Publishing.

Mishra, P., & Koehler, M. (2006). Technological pedagogical content knowledge: A framework for teacher knowledge. *The Teachers College Record 108(6)*, 1017–.1054.

Partnership for 21st Century Skills. (2011). *Civic literacy.* Retrieved from www.p21.org/overview/skills-framework/258

Pink, D. H. (2009). *Drive: The surprising truth about what motivates us.* New York, NY: Riverhead Books.

Puentedura, R. (2013) *SAMR: Moving from enhancement to transformation.* Retrieved from www.hippasus.com/rrpweblog/archives/2013/05/29/SAMREnhancementToTransformation.pdf

Siegler, M. (2010, August 4). *Eric Schmidt: Every 2 days we create as much information as we did up to 2003.* Retrieved from http://techcrunch.com/2010/08/04/schmidt-data

Skinner, B. F. (1938). *The behavior of organisms: An experimental analysis.* New York, NY: Appleton-Century.

Thorndike, E. L. (1905). *The elements of psychology.* New York, NY: A. G. Seiler.

Westheimer, J., & Kahne, J. (2004). What kind of citizen? The politics of educating for democracy. *American Educational Research Journal, 41(2), 237–269.*

행복한연수원 원격연수　happy.eduniety.net

온라인 원격연수

선생님의 교실에서 강의를 빼면 무엇이 남을까요?
수업의 중심에서 교사가 사라지면 누가 남을까요?

거꾸로교실을 통한 수업혁신
미래교실을 디자인하다

거꾸로교실을 먼저 시작한 선생님들(미찾샘: 미래교실을 찾는 선생님)의 생생한 수업과 시행착오의 경험을 공유하고 아이디어를 나누며,
스마트 기기들을 이용해 간단하게 사전동영상을 제작하는 방법을 익혀 이를 통해 거꾸로교실로의 진입장벽을 낮추고자 합니다.

왜, 거꾸로교실인가?
01. 거꾸로교실의 시작 - 존 버그만 (1)
02. 거꾸로교실의 시작 - 존 버그만 (2)
03. 거꾸로교실에 뛰어들다 - 정찬필 PD
04. 세계 교육의 흐름 - 정찬필 PD
05. 21세기 스킬과 4C - 정찬필 PD
06. 왜 거꾸로교실인가 - 정찬필 PD
07. 거꾸로교실과 교육 패러다임의 전환 - 이민경 교수
08. 거꾸로교실의 가능성 - 이혁규 교수
09. 거꾸로교실에 대한 격려 - 이혁규 교수

거꾸로교실 도전기
17. 디딤수업 제작 이론
18. 스마트폰과 PC로 디딤수업 만들기
19. Explain everything으로 디딤수업 만들기
20. 디딤수업 제작 노하우 (고급)
21. 수업 디자인 나누기 (국영수)
22. 수업 디자인 나누기 사회과학)
23. 수업 디자인 나누기 (통합 교과)

거꾸로교실 들여다보기
10. 미찾샘 수업 사례 (1) 이해영 선생님
11. 미찾샘 수업 사례 (2) 박두일 선생님
12. 미찾샘 수업 사례 (3) 홍성일 선생님
13. 미찾샘 수업 사례 (4) 박한샘 선생님
14. 미찾샘 수업 사례 (5) 이미숙 선생님 1
15. 미찾샘 수업 사례 (6) 이미숙 선생님 2
16. 미찾샘들의 못다한 이야기

거꾸로교실이 궁금하다
24. 거꾸로교실에 첫발을 내딛다
25. 거꾸로교실의 마법
26. 시행착오, 그리고 변화
27. 자세히 보면 보이는 것들
28. 무엇이 당신을 두렵게 하는가
29. 자주 묻는 질문 모음 (1)
30. 자주 묻는 질문 모음 (2)

공동기획: 미래교실 네트워크　에듀니티
www.futureclass.net

참여 강사 존 버그만 / 정찬필 PD / 이민경 교수 / 이혁규 교수
미찾샘 (미래교실을 찾는 선생님) 이해영 (나루고) / 박두일 (서명초) / 홍성일 (대청중) / 박한샘 (미력초)
이미숙 (용소초) / 최우석 (신용산초) / 박영민 (불갑초) / 장혁 (브니엘국제예술중) / 안영신 (동평중) / 김수애 (동평중)

에듀니티 행복한연수원 원격연수
happy.eduniety.net

30시간 2학점 원격연수

교실! 교사의 삶의 터전

학습부진, 공부본능 되살리는 교사되기

아이들이 공부에 멀어져가는 것은 공부라는 과정에 상처받기 때문입니다.
공부에 상처받고 흥미를 잃은 아이들에 관해 배우고 아이들을 돕는 방법에 접근해보고자 합니다.

공부에 흥미를 잃은 아이들
01. 학습부진 심리학?
02. 공부에 흥미를 잃은 아이들: 공부상처
03. 공부에 일찍부터 실패하고 있는 아이들 돕기
    공부상처 어루만지기 (공부사연듣기)
04. 학습부진 아이들에 대한 새로운 관점 세우기

학습부진의 가정·문화적 원인 이해와 돕기
05. 가정 환경에 따른 공부태도의 차이 이해하기
06. 부모 및 교사의 의사소통과 공부생활습관 이해하기
07. 공부환경 조성을 통한 공부 흥미 돋우기

학습부진의 개인적 원인 이해와 돕기
08. 애착유형과 관계에 따른 학업태도의 차이
09. 학습부진 아이들의 내면 상태 이해하기
10. ADHD 학습의 특성 파악하기 + ADHD 아동의 학습 돕기

학습부진의 학교 제도적 원인 이해와 돕기
11. 아이들에게 찾아오는 학습위기 I
12. 아이들에게 찾아오는 학습위기 II

목표 설정과 공부 동기
13. 일취월장의 계기, 학습동기
14. 평가목표는 공부에 대한 동기를 낮춘다
15. 평가목표에서 벗어나 학습목표를 통해 공부동기 높이기

목표 설정과 공부 동기
16. 적절한 목표설정을 통한 공부 동기 높이기
17. 공부에 대한 태도를 돕기 위한 귀인이론/낙관주의 이론

학습부진의 유형 이해와 돕기
18. 학습부진의 유형 이해와 돕기: 노력형
19. 학습부진의 유형 이해와 돕기: 동기형
20. 학습부진의 유형 이해와 돕기: 조절형
21. 학습부진의 유형 이해와 돕기: 행동형

학습부진 원인의 다양한 분석 방법
22. 아이들의 뇌는 다 다르다 (멜 레빈의 신경발달적 학습지원)
23. 각종 검사들에 대한 관점 세우기
24. 학습 문제 원인분석을 위한 평가 도구

일취월장을 위한 실질적인 도움
25. 학습부진 아이와 대화 나누기
26. 학습문화와 친해질 수 있는 실천적 방법 I
27. 학습문화와 친해질 수 있는 실천적 방법 II
28. 자신의 특성에 맞는 공부기술 찾기 I
29. 자신의 특성에 맞는 공부기술 찾기 II

아이들을 이해하며!
30. 공부상처는 평생의 장애로 남는다

강의 김현수
http://www.schoolstar.net

현 명지병원 정신건강의학과 과장 / 현 경기도광역 정신건강증진센터 및 자살예방센터 센터장
현 성장학교 별 및 스타칼리지 교장 / 현 프레네 클럽 대표 / 현 서울시 교육청 학교폭력대책 자문위원
저서 행복한 교실을 만드는 희망의 심리학 (에듀니티) / 공부상처 (에듀니티)